KB179719

기적을 만드는
습관의 비밀

기적을 만드는 습관의 비밀

문충태 지음

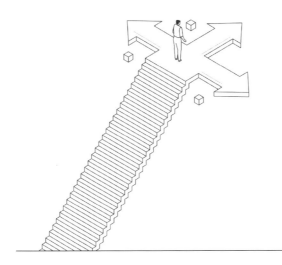

중앙경제평론사

기적을 만들어라

내 인생은 내가 산다

이 시대에 우리를 아프게 만드는 3대 악이 있다. 구조조정, 비정규직, 청년 실업이 그것이다. 경기 침체의 골이 깊어지면서 생겨난 시대적 아픔이다. '인구론'(인문계 졸업생의 90%가 논다), '돌취생'(입사 후 취업 준비생으로 돌아온 사람)이라는 신조어는 젊은 청년들의 암울한 현실을 보여주는 대표적인 단어다.

대체 무엇이 이런 상황을 만들었는가? 세상이나 경기 불황의 탓으로 돌리지 마라. 문제는 내 안에 있다. 내게 경쟁력이 없다는 것이 문제다. 나만의 경쟁력이 없기에 이런 아픔을 겪는 것이다.

이런 아픔을 어디서 치유해야 할까? 나는 그 해답을 "기적을 만들어라(Be the miracle)"라는 영화 대사에서 찾았다. 영화 〈브루스 올마이티

⟨Bruce Almighty⟩⟩에 나오는 명대사다. 이 영화의 줄거리는 다음과 같다.

　주인공 브루스는 뉴욕에 있는 지방 방송국의 뉴스 리포터다. 브루스는 밝고 명랑한 성격의 소유자로, 다른 사람들을 즐겁게 해주는 재능이 있다. 그런데 그는 일이 뜻대로 돌아가지 않으면 하나부터 열까지 신의 탓으로 돌리고 불평불만을 쏟아놓는다.

　그러던 어느 날 신이 그를 부른다. 그리고 신과 일생일대의 거래를 하게 된다. 바로 신이 가진 전지전능한 능력을 일주일 동안 그가 대신하는 것이다. 전지전능해진 브루스는 신의 능력을 자신의 욕심을 채우는 일에 사용한다. 그로 인해 세상은 더욱 엉망이 되고, 결국에는 사랑하던 여자 친구마저 잃게 된다. 그때 신이 그에게 이렇게 말한다. "기적을 보고 싶나? 그러면 기적이 되게(You want to see a miracle, son? Be the miracle)." 기적을 보고 싶다면 바라지만 말고 스스로 기적을 만들라는 말이다. 이후 그는 기적을 바라던 자세를 버리고 스스로 기적을 만들어가는 삶을 살게 된다.

　인생은 셀프다. 내 인생은 내가 산다. 다른 사람이 내 인생을 대신 살아줄 수는 없다. 물론 부모나 친구, 주변 사람들이 도움을 줄 수는 있다. 그러나 그들이 나를 대신해서 살아줄 수는 없다. 그래서 인생은 셀프다. 스스로 살아가야 하고, 스스로 변해야 하고, 스스로 경쟁력을 만들어가야 한다. 세상을 탓하지 말고, 경기 불황을 원망하지 마라. 기적을 바라지도 마라. 내가 기적이 되면 된다. 기적을 만들면 된다.

내 인생의 충신인가, 역적인가?

이방원의 〈하여가(何如歌)〉와 정몽주의 〈단심가(丹心歌)〉를 기억하는가? 조선을 개국하기 전, 이성계의 아들 이방원(훗날 조선 태종)이 조선 건국을 준비하면서 고려의 충신 정몽주를 회유하기 위해 지은 시가 〈하여가〉다.

　　　이런들 어떠하며 저런들 어떠하리

　　　만수산 드렁 칡이 얽혀진들 어떠하리

　　　우리도 이같이 얽혀 백년까지 누리리라

이에 정몽주는 〈단심가〉로 그의 뜻을 전한다.

　　　이 몸이 죽고 죽어 일백 번 고쳐 죽어

　　　백골이 진토 되어 넋이라도 있고 없고

　　　임 향한 일편단심이야 가실 줄이 있으랴

이방원과 함께할 수 없고 고려의 충절을 계속 지킬 것이라는 마음을 담은 시다. 그의 마음을 읽은 이방원은 선죽교에서 정몽주를 암살한다. 훗날 왕위에 오른 이방원은 자신이 죽인 정몽주를 조선의 최고 벼슬 영의정에 추증하면서 조선의 역적이 아닌 고려의 충신으로 평가하고 그의 후손들을 조선에서 편히 살게 해주었다.

이방원의 〈하여가〉처럼 '이런들 어떠하며 저런들 어떠하리' 하며 사는 사람이 있다. 바로 신념이 없이 마구잡이로 사는 사람이다. 이런 사람은 역적이다. 역적이란 무엇인가? 나라와 민족을 배반하는 사람이다. 자신을 배반한다는 의미에서도 역적이다. 열심히 치열하게 살아야 하는 인생을 마구잡이로 살면서 그저 그런 삶을 사는 사람이야말로 자신의 인생에 역적인 사람이다.

한편 정몽주의 〈단심가〉처럼 사는 사람이 있다. '이 몸이 죽고 죽어 일백 번 고쳐 죽어…… 임 향한 일편단심이야 가실 줄이 있으랴.' 바로 자신의 가치관을 위해 어떤 고난도 마다하지 않는 절개를 가진 사람이다. 이런 사람이 충신이다. 충신이란 무엇인가? 나라와 임금을 위해 충성하는 사람이다. 자기 자신에게 충성하는 사람이기도 하다. 자신의 가치관을 위해 죽음도 불사하겠다는 결심으로 특별한 삶을 사는 사람이야말로 자기 인생에 충성하는 사람이다.

마음에 신념의 막대기를 꽂아라. 내 인생의 가치관을 위해 어떤 고난과 역경도 이겨내겠다는 신념 말이다. 마구잡이로 살지 않겠다는 신념을 마음에 꽂아라. '마음 심(心)' 자에 신념의 막대기를 꽂으면 '반드시 필(必)' 자가 된다.

평범한 사람에서 특별한 사람으로

불가능이라는 뜻의 'impossible'이라는 단어가 있다. 여기에 점 하나를 찍으면 'I'm possible'이 된다. 가능하다는 말이다. 부정적인 것에 긍정의 점을 찍었더니 불가능한 것도 가능해진다.

'빚'이라는 글자에는 희망이 없다. 캄캄한 절벽이다. 거의 죽어 있는 상태다. 그러나 점 하나를 찍어보면 '빛'이 된다. 희망이 보인다. 세상이 환해진다. 죽음의 어둠이 생명의 빛으로 변한다. 부정적인 것에 긍정의 점을 찍었더니 절망이 희망으로 바뀐 것이다.

세상에 만연한 종교가 있다. 기독교나 불교, 이슬람교가 아니다. '불가능주의교'라는 것이다. 전 세계적으로 가장 많은 신도를 가지고 있다. 혹시 당신도 이 종교의 신자가 아닌지 모르겠다. 이 종교를 믿는 사람들이 주변 사람들에게 가장 많이 퍼뜨리고 다니는 교리가 있다. "그건 안

돼", "해보나 마나 안 된다니까", "해봐야 시간 낭비야", "이쯤에서 그만
두시지"처럼 모든 것을 불가능하다고 말하는 것이다. 이 종교를 신봉하
는 사람들은 세상 곳곳에 널려 있다. 지금 우리 옆에도 있을 것이다. 그
에게 말 걸지 마라. 당신도 그 종교에 빠져들게 될지 모른다.

　불가능주의교를 타파할 수 있는 비법이 있다. 불가능주의교에서 한
글자, 즉 '불' 자를 빼버려라. 그러면 불가능주의교가 가능주의교가 된
다. 그리고 마음에 신념의 막대기를 꽂아라. 다시는 불가능주의교 사람
들과 교제하지 않겠다는 신념 말이다.

　나는 캄캄한 곳을 싫어한다. 무섭기 때문이다. 어둠 속에서 누군가 숨
어 있다가 "이놈!" 하고 나타날까 봐 두렵다. 캄캄한 방에 커튼이 드리
워져 있고 불도 켜 있지 않다면, 무서움으로 가득 차 있을 것이다. 거의
죽어 있는 방 같아서 무서운 마음에 얼른 스위치를 올린다. 스위치가
'찰칵' 하고 올라가는 순간 어두웠던 방이 환하게 밝아진다. 마치 '빛'이
라는 글자가 '빛'이라는 글자로 변하는 것 같다.

　마음에 기적의 스위치를 '찰칵' 하고 올려라. 그러면 불가능한 것도
가능한 것으로 바뀐다. 문제는 언제 스위치를 올리느냐는 것이다. 내일?
모레? 아니다. 바로 지금! 지금 변화의 스위치를 올려라. 그러면 죽음의
빛이 생명의 빛으로 변하게 될 것이다.

　지금 당장 긍정의 스위치를 올려라. 변화의 스위치를 올려라. 그러면

경쟁력 없던 당신에게도 경쟁력이 생겨날 것이다. 희망 없이 살아온 평범했던 사람이 자신만의 진가를 발휘하면서 사는 특별한 전문가로 바뀔 것이다.

감사하고 또 감사드린다

의미 없이 태어난 사람은 아무도 없다. 누구나 자기만의 가치를 가지고 태어났다. 그러나 수많은 사람들이 자신의 가치를 드러내지도 못한 채 그저 그런 삶을 살아가고 있다. 평범함에 안주하며 평범한 삶을 전부로 알고 살아간다.

이 책은 내 안의 가치를 발견하고 그 가치를 발전시켜 나만의 특별한 삶을 살 수 있는 방법을 찾아 나서려는 시도다. 내 인생의 경쟁력을 만들고 찾는 힐링 방법을 제시하려 한다. 경기 불황이라는 시대의 아픔을 이겨내면서 인생의 날개를 활짝 펴기 위해 어떻게 행동해야 하는지 5가지 행동 습관으로 정리했다.

이 책에는 100여 개의 에피소드가 녹아 있다. 나는 주변에 여기저기 흩어져 있는 사례들을 하나하나 모아서 100송이의 꽃을 한 아름의 꽃다발로 만들어 선물하는 마음으로 이 책을 써 내려갔다.

에피소드를 정리하는 과정에서 알게 모르게 주인공이 되어준 분들에게 매 꼭지를 완성할 때마다 머리 숙여 감사를 드렸다. 100여 개의 에피소드 덕분에 100여 번의 감사 인사를 드린 셈이다. 다시 한 번 에피소드의 주인공 모두에게 머리 숙여 감사드리고, 존경의 마음을 표한다. 더불어 이런 에피소드가 지금 이 시간에도 경쟁력을 만들기 위해 머리를 쥐어짜며 아이디어를 찾고 있는 사람들에게 신선한 활력소가 되기를 바란다.

문충태

Contents

PART 1
사색하는 습관
기적은 사색에서 시작된다

PART 2

인생 로드맵 만드는 습관

기적의 파워는 인생 로드맵에서 나온다

PART
3

콘텐츠 만드는 습관
기적의 핵심은 콘텐츠에 있다

PART 4

도전 즐기는 습관

기적은 도전이라는 에너지를 먹고산다

PART 5   자기최면 습관

기적은 자기최면으로 완성된다

기적은
사색에서
시작된다

검색하지 말고 사색하라
사색하는 시간을 늘려라

"착하게 살아라."
"성실하게 살아라."

옛날에는 이렇게 말했다.

"창조적으로 살아라."
"또라이로 살아라."

지금은 이렇게 말한다.

검색하지 말고 사색하라

근익빈이냐, 창익부냐?

고등학생 자녀를 둔 어머니에게 질문을 던졌다. "자녀분은 어떤 아이입니까?" 그랬더니 어머니가 한숨 섞인 말로 "마음은 착한데……"라면서 말꼬리를 흐린다. 마음은 착한데 제대로 하는 것이 없다는 말이다.

한 직장 임원에게 그가 데리고 있는 사원에 대해 물었다. "저 사람, 어떤 사람입니까?" 그랬더니 그는 "성실하기는 한데……"라면서 얼굴을 돌린다. 사람은 성실하고 일은 열심히 하는데 결과가 신통치 않다는 것이다.

'근익빈 창익부(勤益貧 創益富) 시대', 요즘 유행하고 있는 말이다.

근익빈(勤益貧)은 '근면하게 살면 가난하게 산다'는 뜻이다. 이제는 착하게 살면 가난해지는 시대다. 근면하게 살면 가난하게 산다. 열심히 산다고 해서 부자가 되는 것이 아니라는 말이다.

옛날에는 열심히 살면 부자가 되었다. 착하고 성실하고 근면하게 살면 부자가 되었다. 그러나 지금은 근면하게 열심히 사는 사람은 가난하게 산다. 착하게 산다고 해서, 열심히 산다고 해서 부자가 된다는 말은 이미 과거의 이야기가 되어버렸다.

착하다는 소리를 듣지 마라. 열심히 산다는 소리도 듣지 마라. '법 없이도 살 사람이다'라는 말 역시 들어서는 안 된다. 칭찬이 아니라 욕이기 때문이다. 무능하다는 말을 이렇게 에둘러 표현하는 것이다. 그러면 무슨 말을 들어야 할까? 탁월한 사람이라는 말, 특별한 사람이라는 말을 들어야 한다. 착한 사람, 열심인 사람, 근면한 사람이라는 말은 창조성이 없다는 말이다. 반면 탁월한 사람, 특별한 사람은 창조성이 남다르다는 뜻이다.

창익부(創益富)는 '창조적으로 살아야 부자가 된다'는 뜻이다. 지금은 창조적으로 사는 사람만이 부자가 된다. 창조적인 사람만이 살아남을 수 있다는 말이다.

그러면 근면한 사람과 창조적인 사람의 차이점은 무엇일까? 생각이 있느냐, 없느냐 하는 것이다. 아이디어가 있느냐, 없느냐에 따라 부자로 사느냐, 가난하게 사느냐가 결정된다.

지금은 '창익부' 시대다. 착하고 성실하고 열심히 사는 것은 기본이다. 여기에 창조성이 더해져야 한다. 근익빈할 것인가, 창익부할 것인가? 시대가 당신의 선택을 요구한다.

지금은 개짱이 시대다

시대가 변하면서 해석이 달라지는 것들이 있다. 《이솝우화》의 '개미와 베짱이'가 대표적이다. 옛날에는 열심히 땀 흘리며 사는 개미에게 찬사를 보냈고, 날마다 놀기만 하는 베짱이를 비난했다. 그러나 지금은 개미와 베짱이를 다른 시각에서 본다. 베짱이를 창조적인 예술가로, 개미를 그저 그런 속물로 해석한다. 무슨 뜻일까?

여름 내내 개미는 땀을 뻘뻘 흘리면서 열심히 일했고, 베짱이는 시원한 그늘 아래서 기타를 치며 노래를 불렀다. 그 덕분에 개미는 베짱이의 노래를 들으면서 힘든 일을 견뎌낼 수 있었다. 겨울이 되자, 여름에 음악으로 개미의 갈증을 달래준 베짱이가 개미의 집을 찾아와 이렇게 말한다. "지난여름에 음악으로 내가 너를 도와줬으니까, 이제 네가 나를 도와줘야 돼!"라며 개미에게 당당하게 겨울 양식을 요구한 것이다. 베짱이의 요구를 개미는 매몰차게 거절한다. 요즘 시대에 개미는 꿈도 인정도 없는 속물로 보인다.

죽어라 일만 하는 개미와 같은 사람이 있다. 날마다 놀기만 하는 베짱이와 같은 사람도 있다. 지금은 두 부류 모두 살아남지 못한다. 열심히 일한 개미 같은 사람은 구조조정이라는 빌미로 쫓겨나고, 날마다 놀기만 하던 베짱이와 같은 사람은 불황기라는 이유로 도태된다.

무엇이 문제인가? 개미와 베짱이에게는 치명적인 결함이 있었다. 개미에게는 성실성은 있으나 창조성이 없었다. 베짱이에게는 창조성은 있으나 성실성이 없었다.

지금은 융합의 시대다. 요즘 공대 학생이 필수적으로 배워야 하는 과목이 바로 마케팅이다. 옛날에는 공대라고 하면 제품을 잘 만드는 기술적인 측면만 익히면 되었다. 그러나 지금은 마케팅을 알아야 시장에서 살아남는 제품을 만들 수 있다. 그래서 마케팅이 기본적인 필수 과목이 된 것이다.

죽어라 일만 하는 성실한 개미가 되지 마라. 날마다 놀기만 하는 베짱이도 되지 마라. 개미의 성실성과 베짱이의 창의성이 융합된 개짱이가 되어야 한다.

사색하는 시간을 늘려라

지금은 스마트폰이 없으면 못 사는 세상이다. 출퇴근 시간에는 지하철에서도, 버스에서도, 모두들 휴대전화를 붙잡고 열심히 무엇인가를 하고 있다.

그러면 무엇을 할까? 게임을 하거나 검색한다. 주로 연예인 관련 사건이나 사회적 뉴스거리 등이다. 물론 다른 것을 검색하는 사람도 있지만,

대개는 연예인 누가 어떤 스캔들을 일으켰는지, 사회적으로 유명한 누군가가 무슨 비리를 저질렀는지 검색한다.

검색하지 말고 사색하라. 검색은 내가 아니라, 다른 사람이 주인공이다. 다른 사람의 이야기를 엿보는 것이 검색이다. 연예인 사건을 검색할 경우, 내가 주인공인가? 아니다. 나는 구경꾼일 뿐이다. 연예인 사건을 검색한다고 해서 내 인생에 무슨 도움이 되겠는가. 잡담거리에 불과할 뿐이다.

검색을 즐기면 생각이 없어진다. 검색은 수동형이기 때문이다. 남들이 다 만들어놓은 것을 눈으로만 보는 것이다. 수동형이라는 말에는 소극적이라는 뜻이 들어 있다. 그러므로 자기 인생에도 소극적이라는 말이 된다. 인생을 소극적으로 사는 사람들이 검색을 즐긴다.

그러므로 검색하는 시간보다 사색하는 시간을 더 많이 만들어라. 사색은 내가 주인공이다. 주인공인 내가 어떻게 살아야 할지 깊이 있게 고민하는 것이다.

사색을 즐기면 생각이 많아진다. 사색은 능동형이기 때문이다. 능동형이라는 말에는 적극적이라는 뜻이 들어 있다. 인생을 적극적으로 개척해나가는 사람들이 사색을 즐긴다.

혹자는 남이 검색을 하든 사색을 하든, 무슨 상관이냐고 할지 모르겠다. 사실 무엇을 하든 상관없다. 자기 인생은 자기가 사는 것이니까. 그러나 한 가지 분명한 것은 검색을 즐기는 사람은 평범한 인생을 살고, 사색을 즐기는 사람은 성공한 인생을 산다는 것이다. 검색을 즐기는 사람은 삶의 주인공이 다른 사람이고, 사색을 즐기는 사람은 삶의 주인공이 자기 자신이기 때문이다.

검색을 즐기면 창의성이 죽는다. 검색에는 생각이 없기 때문이다. 사색을 즐기면 창의성이 살아난다. 생각이 많아지기 때문이다. 보통 사람은 휴대전화를 가지고 검색하며 놀고, 성공하는 사람은 책을 가지고 사색하면서 논다. 그러니 보통 인생을 살고 싶다면 검색을 하고, 성공한 인생을 살고 싶다면 사색을 하라.

사색하는 훈련

한 장난감 가게가 문전성시를 이룰 정도로 장사가 잘되었다. 이 소문을 듣고 양옆에 장난감 가게 두 곳이 새로 문을 열었다.

원조 장난감 가게 왼쪽에 새로 문을 연 장난감 가게는 이렇게 써 붙였다.

'최고 품질 보장!'

오른쪽에 문을 연 장난감 가게는 이렇게 써 붙였다.

'최저 가격 보장!'

원조 가게 주인은 고민이다. 이 치열한 경쟁을 어떻게 이겨내야 할까?

그때 기가 막힌 아이디어가 떠올랐다. 새로운 문구를 가게 앞에 써 붙였더니, 예전보다 장사가 더욱더 잘되었다.

뭐라고 써 붙였을까?

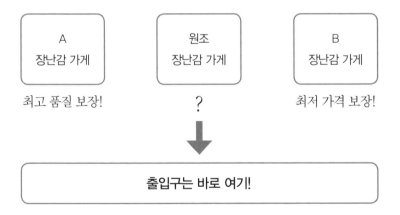

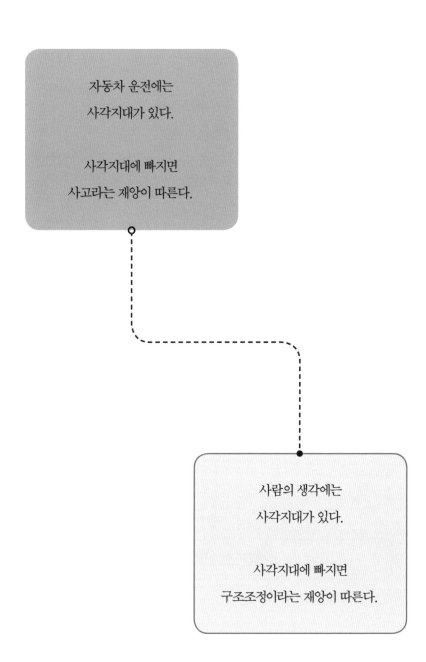

자동차 운전에는
사각지대가 있다.

사각지대에 빠지면
사고라는 재앙이 따른다.

사람의 생각에는
사각지대가 있다.

사각지대에 빠지면
구조조정이라는 재앙이 따른다.

30

당연한 것을 깨뜨려라

당연한 것을 깨뜨려야 새로운 것이 깨어난다

몇 년 전 친구의 아들 결혼식에 갔다. 그런데 주례가 없었다. 결혼식 하면 으레 주례가 있는데, "오늘 결혼식은 주례가 없습니다"라고 사회자가 안내 멘트를 하자 하객들이 웅성거렸다. "무슨 말이야? 결혼식에 주례가 없다니, 말이 돼?" 하는 반응이었다.

결혼식에 주례가 있어야 한다는 것이 당연한 생각이었다. 지금까지 그래왔기 때문이다. 주례가 없어도 된다는 생각은 해본 적이 없었다. 당연하게 생각해왔고 당연하게 따라야 한다면서 지켜왔었다.

'주례가 없으면 결혼 선언은 누가 하지?'

꼭 주례가 결혼 선언을 해야 한다는 법은 없다. 그 대신 신랑 아버지가 하객들 앞에서 두 사람이 공식적으로 결혼하게 되었다는 선언서를 읽었다.

'그러면 주례사는 누가 해?'

왜 주례사는 꼭 유명한 사람의 일장 연설이어야 하는가? 그래서 신부 아버지가 신랑 신부에게 잘 살라는 당부와 덕담의 말로 주례사를 대신했다. 그럴 때마다 하객들은 뜨겁게 박수를 쳤다. 처음에 웅성거리던 사람들도 '와, 신선하다'라고 느끼고 더 크게 박수를 쳤던 것이다.

당연하다고 생각하던 것을 깨부숴라. 지금까지 당연하게 생각하고 따랐던 것을 과감하게 부숴버려라. 그래야 새로운 것이 보인다. 몇 년 사이 주례 없는 결혼식이 많아졌다. 너도 나도 따라 했기 때문이다. 지금은 주례 없는 결혼식이 더 이상 새롭지 않다. 또다시 기존의 방법을 깨뜨리고 새로운 시도를 하는 발칙한 결혼식이 점점 늘어나고 있다.

깨뜨리면 가치가 떨어져 못쓰게 되는 것이 있다. 골동품이 그렇다. 깨진 골동품은 가치가 없다. 골동품을 깨뜨리면 그동안 애지중지 지켜온 아버지로부터 야단도 맞을 것이다. 비 오는 날 먼지가 나도록 등짝을 맞을지도 모른다.

깨뜨리면 안 되는 것이 또 있다. 바로 문화유산이다. 깨뜨리거나 훼손시키면 본래의 가치가 사그라진다. 그러므로 문화유산을 깨뜨리면 온 국민으로부터 몰매를 맞고, 사회로부터 매장당한다.

그러나 깨뜨려야 하고, 깨뜨릴수록 좋은 것이 있다. 퀴퀴하게 묵은 생각, 즉 고정관념이다. 당연한 것이라고 생각하는 것들을 깨뜨려라. 그래도 누구 하나 야단치지 않는다. 경찰이 와서 잡아가지도 않는다.

'나는 너와 다르다'라고 생각하라. 태어난 곳도 다르고, 자라온 환경도 다르다. 지금 살고 있는 곳도 다르고, 먹는 식성도 다르고, 좋아하는 취향도 다르다. 그런데 왜 남들하고 똑같이 살아야 하는가? 왜 붕어빵처럼 생각하고, 행동하는가? 지금까지의 생각을 와장창 깨부숴라. 그래야 새로운 것을 만들 수 있다.

생각에도 사각지대가 있다

자동차 운전을 하다 보면 깜짝 놀랄 때가 있다. 차선을 변경하려는데 옆 차선에 차가 갑자기 나타나는 경우가 그렇다. 사각지대에 있던 차를 미처 보지 못한 것이다. 사이드미러에는 사각지대가 있다. 그래서 사각지대를 볼 수 있는 보조 장치를 별도로 달거나 운전을 할 때 몸을 옆으로 기울여 사각지대에 차가 있는지 확인하기도 한다. 사각지대를 없애는 일이야말로 안전 운전의 필수 요건이다.

나의 경쟁력을 강하게 만들려면 생각의 사각지대를 없애야 한다. 생각의 사각지대가 왜 생길까? 기존의 것만 보고, 새로운 각도에서 보려는 노력이 없기 때문이다. 그래서 숨어 있는 새로운 것을 보지 못하는 것이다. 생각의 사각지대에 빠지면 죽음을 부르는 위험 상태에 빠지게 된다.

인터넷에서 실화라며 떠도는 이야기가 있다. 야구의 살아 있는 전설 박찬호 선수가 미국에서 한창 주가를 올리고 있을 때 있었던 에피소드다. 박찬호 선수의 열렬한 팬이었던 한 남자가 LA다저스 구장을 찾았다. 그런데 그는 대단한 애연가였다. 관중석에서는 담배를 피울 수 없었기에 그 남자는 담배 피울 장소를 찾았다. 경기장 구석구석을 찾아다니다가 그의 눈에 팻말 하나가 들어왔다. 'Smoke Free'라고 쓰여 있었다. 그래서 그 자리에서 담배를 꺼내 물었다. 그랬더니 지나가던 미국인들이 눈살을 찌푸리며 쳐다봤고, 급기야 경비원까지 달려와서 제지하더라는 것이다. 그날 애연가 남자는 비싼 벌금을 수업료로 치러야 했다.

왜 이런 일이 일어났을까? 생각에 사각지대가 생겼기 때문이다. 우리나라에서는 금연 구역을 표시할 때 보통 'No Smoking'이라고 한다. 여기에서 생각의 사각지대가 만들어진 것이다. 'No Smoking'에 익숙해 있던 그 친구는 'Smoke(흡연) Free(자유)'이므로 담배를 자유롭게 피워도 되는 흡연 구역으로 착각한 것이다.

'Smoke Free'는 연기(smoke)로부터 자유롭다(free)는 말로 '금연 구역'이라는 뜻이다. 'Duty Free(면세품)', 'Sugar Free(무설탕)', 'Caffeine Free(무카페인)'도 마찬가지다.

익숙한 것에 빠져 있으면 생각의 사각지대가 생긴다. 운전에서 사각지대에 빠지면 사고라는 재앙이 따르고, 인생에서 생각의 사각지대에 빠지면 도태라는 재앙이 따른다. 그러므로 경쟁력을 만들려면 생각의 사각지대를 없애는 일부터 해야 한다.

두 개의 심장을 융합하라

지금 우리가 살고 있는 시대를 일컬어 '융합의 시대'라고 한다. 한편, 초연결시대라고도 한다. 사물인터넷(IoT, Internet of Things)이 그 예다. 사물인터넷은 제품에 인터넷이 연결된 것을 가리키는데, 유형 혹은 무형의 제품에 인터넷을 연결하여 이전에 없었던 새로운 가치를 만들어내고 새로운 서비스를 제공하고 있다. 사물인터넷에는 두 개의 심장이 있다. 제품이라는 하드웨어의 심장, 인터넷이라는 소프트웨어의 심장이 그것이다. 두 개의 심장을 융합해서 이전에 없던 전혀 새로운 기능이나 역할을 만들어내는 것이다. 전혀 다른 이질적인 것을 결합해서 새로운 가치를 만들어낸 셈이다.

한류와 난류가 만나면 황금어장이 만들어진다. 한류와 난류라는 이질적인 두 물살이 만나 황금어장이라는 새로운 가치를 만들어낸다. 1 + 1 = 2라는 결과는 기존에 있던 하나의 심장으로 만들어낼 수 있는 결과다. 반면에 1 + 1 = 3이라는 결과는 이질적인 두 개의 심장이 결합해서 만들어낸 결과다. 시너지효과(상승효과)를 일으켜서 새로운 가치를 만들어 낸 것이다. 이것을 융합이라 부른다.

지금의 대세는 융합이다. 전혀 다른 이질적인 것을 결합해서 시너지 효과를 만들어 경쟁력을 키워야만 살아남는 세상이다.

휴대전화를 보자. 휴대전화에는 통화 기능, 카메라 기능, 인터넷 기능, mp3 기능 등 서로 다른 이질적인 것이 결합되어 있다. 어디 그뿐이랴. 휴대전화에 가지가지 앱이 연결되면 못하는 것이 없다. 옛날의 휴대전화는 통화 기능만 있었다. 그때는 그것만으로도 충분했다. 그러나 지금은 통화 기능만 가지고는 살아남지 못한다. 그래서 이질적인 것을 결합시켜, 기존의 통화 기능 휴대전화에 카메라를 붙였다. 원래 휴대전화와 카메라는 서로 다른 영역이었다. 휴대전화에 인터넷을 결합시켜, 휴대전화의 통화 기능에 정보를 검색하는 인터넷 기능을 결합했다.

이렇듯 우리도 두 개의 심장으로 경쟁력을 만들어야 한다. 하나는 파괴의 심장, 다른 하나는 창조의 심장으로 살아야 한다. 파괴의 심장으로는 기존의 틀을 파괴하라. 당연하게 생각했던 것들을 과감히 파괴하는 것이다. 생각 없이 따라 했던 것을 부수는 것이다. 그리고 창조의 심장으로는 새로운 틀을 만들어라. 기존의 것을 파괴하고 그 자리에 새로운 가치를 만드는 것이다. 파괴의 심장과 창조의 심장을 융합해야 새로운 경쟁력을 만들 수 있다.

생각의 사각지대를 없애는 훈련

1. 관점 바꾸기

손수건의 용도를 찾아보자. 손수건은 손의 물기를 닦는다는 것이 기존의 생각이고 고정관념이다. 보는 관점을 바꿔, 손수건의 용도를 10개 이상 찾아보자.

① 머리 묶기   ⑥ ?

② 손수건 돌리기   ⑦ ?

③ 이별 선물   ⑧ ?

④ 지혈 응급처치   ⑨ ?

⑤ 벤치 위에 깔아 자리 만들기   ⑩ ?

2. 의미 부여하기

다음 한글 자음을 이용해 의미 있는 단어를 만들어보자.

> **ㅅ ㄹ ㅅ ㄹ**

실론살롱	사람사람	살랑살랑
?	?	?

"그곳에 가면 골라 먹는 재미가 있다."
모 아이스크림 광고 카피다.

딸기? 바닐라? 초코?
골라 먹는 재미가 쏠쏠하다.

"나에게는 골라 하는 취미가 있다."
내가 침 튀기며 하는 말이다.

멍 때리기? 몽 때리기? 명 때리기?
골라 하는 재미가 쏠쏠하다.

사고뭉치가 사고친다

호기심이 강한 사람이 사고뭉치다

"멍 든 데 바르는 연고가 대박을 쳤다." 이는 한 신문의 헤드 타이틀이다. "우리의 경쟁자는 달걀과 소고기였어요." 제약사 직원이 멍 든 데 바르는 연고가 대박을 친 비결을 설명하면서 한 말이다. 경쟁자가 다른 제약사도 아닌 달걀과 소고기라니? 이해가 되지 않았다. 그러나 그의 설명을 듣고 나서야 '그렇구나' 하고 무릎을 쳤다.

'멍' 하면 떠오르는 것이 바로 달걀이다. TV 드라마를 보면, 눈가에 멍이 들었을 때 달걀로 문지르는 모습이 자주 나오지 않는가? 또 소고기가 멍을 빨아들인다고 해서 멍 든 부위에 소고기를 붙이는 민간요법도 있다.

사실, 이 제약사의 기존 경쟁자는 다른 제약사였고, 경쟁 제약사의 경쟁 제품이었다. 하지만 이런 생각을 버리고 다른 관점에서 접근한 것이다. 경쟁 제약사의 경쟁 제품에서 달걀과 소고기로 관점을 바꾸어 마케팅을 전개한 결과, 이 같은 '대박 사고'를 치게 된 것이다.

 사고뭉치가 대박 사고를 친다. 사고뭉치는 사고나 말썽을 일으키는 사람이 아니며, 골치 아픈 사람이 아니다. 피해야 하는 사람도 아니다. 머릿속에 각종 아이디어가 가득 찬 사람이 사고(思考)뭉치다. 아이디어를 찾으려고 고민하는 사람인 것이다.

 사고뭉치는 창조형 인간이므로, 똑같은 일을 하더라도 다른 결과를 만들어낸다. 똑같은 환경, 똑같은 조건인데도 결과는 어마어마하게 달라진다. 보는 시각이 다르고, 접근 방법이 다르고, 표현 방법이 다르기 때문이다.

 사고뭉치라고 야단치지 마라. 아이가 일을 저지른다고 걱정하는 어머니의 경우 어떻게 하는가? 대부분 혼내고 야단친다. 그러나 혼내거나 야단칠 것이 아니라 오히려 칭찬해줘야 한다.

 물론 이 말에 반대하는 사람도 있을 것이다. 내 생각이 그렇다는 말이다. 무조건 그래야 한다는 것도 아니다. 하지만 사고뭉치는 호기심이 많기 때문에 일을 저지르는 것이다. 생각이 많기 때문에 궁금한 것도 많다. 그래서 만져보고 뜯어보고 분해해보는 것이다.

 생각 없이 그대로 받아들이는 것이 아니라 호기심을 가지고 접근하는 사람이 사고뭉치다. 당연한 것을 당연하게 받아들이지 마라. 당연한 것도 다른 시각으로 보면 새롭게 보인다. 날마다 하던 것도 다른 방법으로 접근하면 새로운 것으로 바뀐다.

요즘은 생각을 다르게 하고 접근 방법을 다르게 하는 사고뭉치를 요구하는 시대다.

일상을 깨뜨리는 행동을 하라

나는 때때로 일상을 깨뜨리는 행동을 한다. 남들이 보면 엉뚱한 행동이라 할지 모르지만, 내가 생각할 때는 당연한 행동이다. 때로는 집을 나설 때 보통 때보다 10분 정도 일찍 출발한다. 그러면 10분의 여유가 생긴다. 지하철을 타러 갈 때 그동안 다니던 길이 아닌 다른 길로 가본다. 일상적으로 다니던 길을 피해서 다른 골목길로 가보는 것이다. 평상시 빠른 걸음으로 걷던 길을 느리게, 여유를 부리면서 간다. 그러면 그동안 보지 못했던 풍경, 새로운 가게, 새로운 집을 보게 된다.

직장인들이 날마다 고민하는 것 중에 하나가 '오늘 점심은 무엇을 먹을까?' 하는 것이다. 나는 점심을 먹으러 식당에 갈 때 일주일에 하루 정도는 새로운 식당을 찾아 나선다. 평상시 다니던 단골집을 뒤로하고 새로운 식당을 찾아 나서는 수고를 하는 것이다. 그러다가 새로운 맛집을 발견하면 미지의 신대륙을 발견한 것과 같은 희열을 느끼곤 한다. 또 식당을 찾아 나설 때도 날마다 다니던 길을 버리고 거꾸로 가보기도 한다.

똑같은 식당도 새롭게 보이고, 어떤 새로운 식당을 찾을까 하는 재미도 느끼게 된다.

'다람쥐 쳇바퀴 돈다'는 말이 있다. 틀에 갇혀 있는 다람쥐는 매일 쳇바퀴만 돈다. 어제도 그렇고 오늘도 그렇고, 쳇바퀴만 열심히 돌고 돈다. 우리의 일상이 그렇다. 어제도, 오늘도 그게 그것인 것 같다. 그러니까 변화가 없다. 그렇기에 새로움이 없다. 틀에 갇혀 있는 사람은 고정관념만 돌린다. 어제도 오늘도, 그렇게 고정관념의 틀에서 열심히 돌고 돈다.

고정관념에서 탈출하는 훈련을 하라. 고정관념이란 무엇인가? 생각이 고장난 것이 고정관념이다. 고장난 시계는 날마다 같은 시각만 가리키듯, 생각이 고장난 사람은 날마다 같은 주장만 한다. 생각을 파괴하라. 당연하게 받아들이는 것을 파괴하라. 파괴해야 새로운 것이 보인다. 파괴해야 새로운 것이 만들어진다.

고정관념을 파괴하는 훈련으로 시만큼 좋은 것은 없다.

연탄재 함부로 발로 차지 마라

너는

누구에게 한 번이라도 뜨거운 사람이었느냐

안도현 시인의 〈너에게 묻는다〉라는 시다. 세상을 보는 창의적인 생각은 시인들이 가장 뛰어나다. 똑같은 것을 보더라도 시인들은 보는 시각과 접근하는 방법이 다르다. 게다가 표현하는 언어도 다르다. 당장 시집을 한 권 구입하라. 그게 아니라면, 책꽂이에서 먼지만 뒤집어쓰고 있는 시집을 꺼내라. 그리고 오물오물 오징어 씹듯이 읽고 또 읽어보라. 오징어처럼 구수한 느낌이 가슴속으로 파고들 것이다.

때때로 멍 때리기 하라

"그곳에 가면 골라 먹는 재미가 있다." 모 아이스크림의 광고 카피다. 이것을 이렇게 바꿔보면 어떨까? "우리에게는 골라 사는 재미가 있다."

멍 때리기, 몽 때리기, 명(明) 때리기가 있다. 멍 때리기는 생각 없이 멍하게 사는 것이다. 몽 때리기는 몽롱하게 사는 것이다. 명 때리기는 명확한 생각을 가지고 사는 것이다. 이 가운데 어느 것을 선택하겠는가?

먼저 '멍 때리기'가 있다. 정신없이 살다가 잠시 뇌를 쉬게 해주어야 할 경우, 멍 때리기가 필요하다. 멍 때리기는 기분 전환을 위해 먹는 아이스크림과 같다. 아이스크림은 날마다 먹는 것이 아니다. 대부분의 사람이 가끔씩 기분 전환을 위해 아이스크림을 먹는다. 날마다 먹는 주식의 개념이 아니라, 가끔씩 먹는 간식의 개념이다.

무엇인가 깨달았을 때 외치는 말, '유레카(찾았다)'는 목욕탕에서 나왔다. 아르키메데스의 부력의 법칙은 멍 때리기에서 나왔다. 아르키메데스는 왕이 내준 순금을 측정하는 문제를 푸는 데 골몰하다가 머리를 식히려고 목욕탕에 갔다. 탕 안에서 몸을 담그고 있다가 그는 '유레카'를 외치며 뛰쳐나왔다.

두 번째는 '몽 때리기'다. 기억할 점은 몽 때리기는 하면 안 된다는 것이다. 몽 때리기는 위험하다. 아편을 맞은 것처럼 몽롱한 환각의 상태로, 넋이 나간 상태다. 영혼과 신체가 분리된 유체 이탈 현상처럼 몽롱한 상태에서 살아가면 언제, 어느 때 시궁창에 빠지게 될지 모른다.

마지막으로 '멍 때리기'가 있다. 내가 하는 일을 명확하게 파악하고 집중하는 것이 멍 때리기다. 생각이 명확하고, 행동이 분명한 상태다. 내가 어디로 가고, 무엇을 해야 하는지 명확하게 알고 있다. 멍 때리기는 밥과 같다. 한국 사람은 밥심으로 살기 때문에 날마다 밥을 주식으로 먹어야 살 수 있다. 그러므로 날마다 맑은 머리, 분명한 생각, 명확한 방향으로 사는 것이 멍 때리기다.

일기예보에서 '대체로 맑음, 때때로 흐림'이라고 보도하는 것을 들어 봤을 것이다. 인생예보에서는 이를 '대체로 멍 때리기, 때때로 멍 때리기'라고 한다.

고정관념, 매너리즘 탈출 훈련

누구나 하루 일과 중에 반복적으로 하는 일이 있다. 내가 날마다 반복적으로 하는 일을 5가지 이상 찾아보자. 그 반복적인 일에 변화를 주면 어떻게 될까? 작은 변화를 주는 방법을 찾아보자.

번호	반복적으로 하는 일	변화를 주는 방법
예	아침에 일어나면 이 닦기	이 닦는 순서를 거꾸로 해본다
1		
2		
3		
4		
5		

초콜릿 중에
'자유시간'이라는 것이 있다.

이것을 먹으면
새로운 에너지가 충전된다.

활동 시간 중에
'자유시간'이 있다.

이것을 가지면
새로운 생각이 충전된다.

창의성은 생각쿠션에서 나온다

생각에 자유시간을 줘라

세계적으로 유명한 검색 포털 사이트는? 당연히 구글(google)이다. 구글은 차고에서 시작해 세계적인 기업으로 성장한 것으로 유명하다. 구글이 '세상의 모든 정보를 집대성하겠다'고 선언했을 때, 당시 잘나가던 기업들은 황당하다며 코웃음을 쳤다. 그러나 구글은 보란 듯이 검색 엔진으로 성공했다.

구글에는 20% 규칙이 있다. 하루 업무 시간의 20%는 자유시간을 준다는 것이다. 주 5일 중 하루는 반복되는 업무에서 벗어나 무엇이든 하고 싶은 일을 하게 한다. 구글의 창의성은 그 20%의 규칙에서 나온다고 한다. '룬(Loon)'이라는 황당한 프로젝트 역시 20%의 규칙에서 나왔는지도 모른다.

구글이 공개한 황당한 프로젝트는 룬이라는 이름으로, 한마디로 뜬구

름 잡는 프로젝트다. 룬은 물고기를 잡아먹고 사는 큰 새로, 사람의 웃음과 같은 소리를 낸다고 한다. 그래서 구글 스스로도 사람들이 어리석고 미친 시도라며 조롱하고 웃을 것이라는 의미에서 룬이라고 지었다고 한다.

그렇다면 룬은 어떤 프로젝트일까? 여러 개의 거대한 열기구를 띄워서 전 세계 어디에서나 인터넷을 가능하게 만들겠다는 것이다. 현재 전 세계 인구의 3분의 2는 인터넷에 접속할 수 없는 환경에 있다. 사막, 밀림, 바다, 산맥으로 둘러싸인 지역이 대표적이다. 그러한 곳에서도 인터넷에 접속할 수 있도록 하늘 높이 거대한 열기구를 띄워 무선 공유기 역할을 하게 만들겠다는 것이다. 21세기 최고의 IT 기업이 19세기의 열기구를 이용하겠다는 발상 자체가 흥미롭기도 하고 황당하기도 하다.

생각에 자유시간을 줘라. 창의적인 발상은 생각의 여유에서 나온다. 머리에 온갖 잡동사니 생각들로 꽉 차 있으면 창의성이 헤집고 들어갈 공간이 없다. 그러니 창의성이 자리 잡을 수 있는 공간을 만들어줘야 하는데, 이것이 생각에 자유시간을 주는 것이다.

'성공 전략 = 자유시간'이라는 것을 잊지 마라. 혹자는 뚱딴지같은 헛소리라고 할지도 모르겠다. 머리를 쥐어짜도 시원치 않은 판에 빈둥빈둥 노는 자유시간을 주라니 황당할 수도 있다.

그러나 창의성이 활개 치려면 뇌 회로를 넓혀주어야 한다. 개미가 덕목이던 옛날의 세계에서 벗어나 개미와 베짱이가 융합된 개짱이의 틀을 만들려면, 생각에 자유시간을 주어야 한다. '여백 없이는 창의성도 없다'라는 말을 기억하라.

'생각쿠션'을 아는가?

워커홀릭이라는 말이 있다. 일(work)과 중독자(-holic)의 합성어로, 일 중독자 또는 업무 중독자를 말한다. 일 중독자라는 말에는 일종의 병이라는 의미가 담겨 있다. 미국의 경제학자 W. 오츠가 자신의 저서 《워커홀릭》에서 처음 사용한 말이다.

《워커홀릭》에는 재미있는 개념이 나온다. 바로 시간(time)과 쿠션(cushion)이 합쳐진 '타임쿠션'이라는 말이다. 즉, 시간에 쿠션을 주라는 말이다.

일 중독자는 화장실에 가거나 커피를 마실 시간조차 없을 정도로 하루 일정이 빡빡하게 잡혀 있다. 하루 종일 긴장 속에서 살아간다. 그런 의미에서 타임쿠션이란 업무와 업무 사이에 약간의 공백 시간을 주는 것이다. 그래야 몸도 마음도 지나친 긴장감에서 벗어나 적당하게 긴장감을 유지할 수 있고 일의 능률도 올라간다.

타임쿠션이라는 용어를 '생각쿠션'으로 바꾸면, 때로는 생각하는 중간에 휴식 시간을 주자는 뜻이 된다. 그래야 창조적인 것을 생각해낼 수 있다. 무엇인가 골똘히 생각하다가 답을 찾지 못해 답답할 때 생각쿠션을 주라. 책상에서 벗어나 잠시 밖으로 나가본다. 막힌 공간에서 탁 트인 공간으로 나가 터벅터벅 걸어보는 것이다.

"철학의 첫 스승은 발이다." 철학자 루소의 말이다. 맨발로 땅을 밟아본 적이 있는가? 걷기의 중요성을 강조한 아리스토텔레스는 틈만 나면 제자들과 함께 걸으며 철학을 가르친 것으로 유명하다. 걷다 보면 평소에 생각 없이 지나쳤던 것에 대해 색다르게 느끼며 감각이 되살아난다. 걷기를 통해 발을 자극하면 뇌신경을 자극해서 색다른 생각을 할 수 있게 된다. 생각쿠션이 사고의 깊이를 남다르게 만들어주기 때문이다.

이유 없이 빈둥거리는 시간을 만들어보라. 빈둥거리는 시간은 낭비가 아니다. 빈둥거리는 시간은 발효와 숙성의 시간이다. 빈둥거리다 보면 익숙한 것이 낯설게 발효된다. 또한 바쁜 일상 중에 보지 못하고 놓쳤던 것들을 다시금 보게 된다. 식상함에 시비를 걸어 새로운 발상을 하게 된다. 《게으름에 대한 찬양》에서 저자 버트런드 러셀은 하루에 4시간만 일하고 나머지 시간은 빈둥거리거나 어슬렁거려야 좀 더 창의적인 생각과 행동을 할 수 있다고 주장했다.

"그냥 한번 전화 걸어봤어"라는 노래 가사가 있다. 특별한 목적이 있어서가 아니라 그냥 전화해봤다는 것이다. 친구에게, 주변 사람에게 그냥 한번 전화해보라. 목적이 있어서가 아니라 아무 이유 없이 전화하는 것이다. 이것이야말로 생각쿠션을 가진 사람이 하는 행동이다.

노트 한 권이 있다고 하자. 모든 페이지는 빽빽하게 기록되어 있는데 중간에 한 페이지는 빈 공간으로 남아 있다. 생각쿠션을 위해 남겨놓은 공간이다. 생각쿠션은 생각에 여백을 만드는 일이다. 그 여백은 생각에 잠시 휴식을 준다.

창조적인 업무 수행을 위해서는 시간의 완충 지대로서 타임쿠션이 필요하고, 창조적인 아이디어를 생산하기 위해서는 생각의 완충 지대인 생각쿠션이 필요하다.

비워라, 그래야 채울 수 있다

우리나라 여자 골프계의 전설인 박세리에 관한 이야기다. 박세리는 미국여자프로골프(LPGA) 명예의 전당에 올라 있는 세계적인 골프 스타다. 그런 그녀가 현역으로서 최고의 기량을 발휘하던 때의 이야기다. 현역 선수 시절 그녀는 짧지 않은 기간 동안 슬럼프에 빠져 있었다. 정상의 자리를 지키기 위해 치열하게 몸부림쳤지만, 그럴수록 점점 더 깊이

슬럼프에 빠져들었다. 그녀가 오랫동안 슬럼프에 빠져 있었던 이유는 무엇일까? 재능이 부족해서였을까? 이미 어릴 때부터 골프에 관해 천부적인 재능을 타고났다고 인정받은 그녀다. 그렇다면 연습이 부족해서였을까? 프로의 치열한 세계에서 살아남기 위해 하루도 연습을 게을리하지 않았다. 그럼 도대체 이유가 무엇일까? 문제는 휴식이었다. 제대로 쉬면서 놀아본 적이 없다는 데 원인이 있었다.

"저 자신을 더 몰아붙였어요. 여유를 가졌어야 했는데 정반대였죠." 어느 인터뷰에서 그녀가 한 말이다. 쇼핑도 하고 여행도 하면서 재충전의 시간을 가졌어야 했는데, 머릿속에는 온통 골프 생각뿐이다 보니 다른 일을 할 수 없었다. 골프에만 집중하다 보니 스트레스가 많았고, 실수 하나하나가 그녀를 더욱 괴롭힌 것이다. 그래서 골프에 지쳤다고 했다. 언젠가 모 방송국 프로그램에서 그녀는 "다른 사람들은 대체 어떻게 노는지 궁금하다"라고 말한 적이 있다.

쉴 줄 모르는 사람은 브레이크가 고장난 것과 마찬가지다. 그만큼 위험하다는 말이다. 일요일은 달력에만 있는 것이 아니다. 정신없이 달려가는 사람에게 정말 필요한 것은 마음의 일요일이다.

휴지통은 정기적으로 비워줘야 한다. 그래야 새로운 것을 채울 수 있다. 사람의 생각도 정기적으로 비워줘야 한다. 그래야 새로운 것을 채울 수 있다.

생각쿠션 만들기

팽팽한 긴장감보다는 적당한 긴장감이 필요하다. 생각에 적당한 긴장을 주기 위한 생각쿠션 방법을 찾아보자.

1. **바람 쐬기** : 하던 일을 잠시 멈추고 밖으로 나가 신선한 바람을 쐰다.
2. **야외 산책** : 숲이나 강이 있는 곳을 천천히 거닐어본다.
3. **커피 마시기** : 분위기 좋은 카페에서 커피 한잔 시켜놓고 조용한 음악을 듣는다.
4. **운동하기** : 어떤 운동이라도 좋다. 30분 정도 시간을 정해놓고 운동을 한다.
5. **책 읽기** : 일과는 상관없는 책을 읽는다.
6. **수다 떨기** : 마음이 맞는 사람과 실컷 떠든다.
7. **낮잠 자기** : 졸리면 15~20분 정도 낮잠을 잔다.
8. **소파에서 뒹굴기** : 하는 일 없이 소파에서 이리 뒹굴, 저리 뒹굴 해본다.
9. **무작정 떠나기** : 기차나 버스를 타고 어디론가 훌쩍 떠난다.
10. **휴가** : 휴가 기간에는 전화기도 꺼놓고 마음껏 쉰다.

생각에 자유시간을 주는 나만의 방법은 무엇인가?

어이디어,
어이없는 황당한 생각이다.

보통 사람은 '헐' 하며 비웃는다.

어이디어,
말도 안 되는 엉뚱한 생각이다.

성공하는 사람은 '헉' 하며 감탄한다.

어이없는 황당한 생각을 즐겨라

아이디어를 찾으면 아이디어가 보인다

TV 오락프로그램 〈개그콘서트〉에는 단어의 뜻을 새롭게 해석해주는 코너가 있었다. 그 가운데 남자와 여자의 입장에서 백화점을 풀이한 해석이 재미있다.

남자에게 백화점이란?
여자 친구 손잡고 가는 해병대 캠프.
여자에게 백화점이란?
남자의 돈으로 치유되는 힐링 캠프.

어이없는 생각에 웃음이 빵 터진다.
'어이디어'는 어이없는 생각, 말도 안 되는 황당한 생각이다. '새에게 기저귀 채우기', '인간 새총 놀이기구 만들기' 같은 것이 '어이디어'다.

엉뚱한 발상, 엉뚱한 생각이다.

　대부분의 사람은 이런 어이디어를 마주하면 '헐' 하면서 비웃는다. 어떤 사람은 "그것도 생각이냐?", "네 머리는 어디다 쓸래?" 하면서 야단치기도 한다.

　나도 신입 사원 시절에 선배들로부터 이런 구박을 많이 받았다. 물론 그 선배들은 지금 그저 그런 삶을 살고 있다. 내가 생각했던 말도 안 되는 어이디어 하나를 소개한다. 접었다 폈다 할 수 있는 폴더(folder) 자동차를 만들어보면 어떨까? 골목길 좁은 공간에 차를 주차할 때 007 서류가방처럼 접어서 좁은 공간에 들어가게 한 후 자동차를 쭉 펼치면 쉽게 주차할 수 있지 않을까? 좁은 공간에 자동차를 주차할 때 어려움을 겪어본 사람이라면 누구나 한 번쯤 생각해봤을 법한 생각이다. 황당하고도 어이없는 생각이다. 어릴 때 공상 만화를 많이 봐서 이런 생각을 한 것일 수도 있다. 그러나 지금은 더 이상 황당무계한 어이디어가 아니다. 접었다 폈다 하는 폴더형 자동차는 아니지만, 좁은 공간에 쉽게 주차할 수 있는 시스템을 갖춘 자동차들이 나오고 있으니 말이다.

　기발한 어이디어는 황당한 어이디어에서 나온다. 창조적인 사람은 황당한 어이디어를 접할 때 '헉' 하면서 어이디어로 전환시킨다. 처음에는 어이없고 황당한 생각이지만, 이리 보고 저리 보고, 이렇게 생각해보고 저렇게 생각해보면 기발한 어이디어로 발전하는 것이다.

"너는 그것도 생각이라고 하냐?" 주변 사람으로부터 이런 말을 자주 들어라. 그런 말을 많이 듣는 사람이 창조적인 사람이다.

아이디어로 유명한 사람이 개그맨 전유성이다. 내가 아이디어 멘토로 생각하고 있는 사람이기도 하다. 그는 '개그맨'이라는 용어를 처음 만들어냈고, 〈개그콘서트〉를 최초로 기획해서 공개 코미디 붐을 일으켰다. 서울이 고향인데, 아무 연고도 없는 낯선 청도에서 '개나 소나 콘서트'라는 개그 프로그램을 공연하며 살고 있다. 그가 청도에서 만들어낸 황당한 아이디어 중의 하나를 소개한다.

많은 공연장에서 7세 미만의 아이들이 입장하지 못하게 금지한다. 그래서 아이가 있는 학부모들이 공연장을 찾지 못한다. 그런데 정말 아이들이 공연장에 오면 시끄럽게 떠들까 하는 궁금증이 생겼다. 그래서 '어린이가 떠들어도 화내지 않는 음악회'를 만들었다. 많은 관객들이 찾아왔다. 많은 아이들이 좋아했다. 재미있는 것은 공연에 참석한 아이들이 실제로는 떠들지 않고 공연에 집중하더라는 것이다.

처음에는 황당한 생각이었다. 모두가 '헐' 하고 고개를 절레절레 흔든, 말도 안 되는 생각이었다. 그러나 지금은 더 이상 황당한 생각이 아니다. 그의 성공 사례를 보고 여기저기서 어린아이들과 함께하는 공연들이 만들어지고 있으니 말이다.

그 밖에도 '암환자 가족이 있는 사람들을 위한 음악회', '임플란트가 비싸다고 생각하는 사람들을 위한 음악회', '담배 끊은 지 3개월 된 사람들을 위한 음악회' 등을 기획했다. 모두가 어이없는 생각, 아이디어에서 나온 작품들이다.

'아이디어'가 가장 좋아하는 것은?

우리의 머릿속에는 '아이디어'라는 녀석이 살고 있다. 이 녀석이 가장 좋아하는 음식은 '왜?'다. '왜?'만 주면 자다가도 벌떡 일어난다. 하루 종일 '왜?'만 줘도 싫증을 내지 않는다. 왜? 왜? 왜? 일단 줘보라, 어떻게 반응하는지……. 아마도 환하게 웃으면서 당신에게 팔짱을 착 끼며 달라붙을 것이다.

이 녀석이 항상 입에 달고 사는 말이 있다. 왜 그렇지? 왜 그렇게 했지? 왜 이런 현상이 일어났지? 왜? 왜? 왜? 조그마한 것, 사소한 것을 보더라도 그냥 넘어가지 않는다.

일상에 아이디어가 널려 있다. 주변에 아이디어들이 산토끼처럼, 노루처럼, 펄떡펄떡 뛰어다니고 있다. 그런 아이디어들을 보고 구경만 하는 사람이 있다. 아니, 그런 아이디어들을 보지도 못하는 사람도 있다. '왜?'라는 궁금증과 호기심을 가진 사람들한테만 아이디어는 신기루처럼 보인다. 궁금증과 호기심이 없는 사람에게는 있어도 보지 못하는 것이 아이디어다. 귀신처럼 보이지도 않고, 느껴지지도 않는다.

오늘부터 '왜?'라는 녀석과 친구를 맺자. 그러면 당신 입에서 '왜?'라는 질문이 쏟아져 나올 것이다. 그럴 때 비로소 아이디어가 눈에 보이기 시작한다.

생각을 숙성시켜라

친구 중에 중견 기업 CEO인 친구가 있다. 꽤 잘나가는 회사로, 얼마 전에는 철탑산업훈장까지 받았다. 그를 만날 때마다 하나씩 배우는 게 있다. 지난번에 그를 만났을 때는 경영 기법 하나를 배웠다.

그는 핸드폰에 있는 메모 기능을 유용하게 활용한다고 했다. 마음에 드는 문구, 사진 등을 보관해놓고 몇 날, 몇 주, 몇 달 동안 틈틈이 열어보면서 자신을 되돌아본단다.

'위기에서 벗어나려면 마냥 기다려서는 안 되고, 막무가내로 달려들어서도 안 된다. 차분하게 움직여라.' 최근에 그가 자주 들여다보는 문구라고 했다. 그가 오늘날과 같은 불황과 위기에 차분하게 대처할 수 있었던 것도 바로 이런 생각의 숙성 과정을 거친 덕분이라고 했다.

생각을 숙성시켜라. 아이디어를 숙성시켜라. 숙성시킨다는 것은 마음의 솥에 생각과 아이디어를 넣고 얼마 동안 찌는 것이다. 그러면 아이디어에 발효가 일어난다. 맛있는 빵처럼 맛있는 아이디어로 부풀어 오르는 것이다. 어떤 일이든 좋은 결과를 얻으려면 숙성 과정을 거쳐야 한다.

숙성 과정을 거쳐야 하는 것은 많다. 맛있는 빵을 만들기 위해서는 숙성이라는 과정을 반드시 거쳐야 한다. 이는 선택 사항이 아니고 필수 사항이다. 그래야 부드럽고 맛있는 빵이 탄생한다. 김치도 그렇다. 김치는 어떤 조건에서, 어떻게 숙성시키느냐에 따라 맛이 달라진다. 김치가 우리 몸에 좋은 것은 숙성 기간을 거쳐 발효되기 때문이다.

와인은 원액을 어떻게 숙성하느냐에 따라 일반 와인과 명품 와인으로 구분된다. 명품 와인은 숙성고에서 적어도 5년은 기다려야 한다. 고기 또한 그렇다. 사람이 줄을 서서 기다리는 대박 고기집의 비결은 양념한 고기를 일정 시간 동안 숙성고에 넣어 숙성하는 것이다.

글을 쓰다 보면 막힘없이 한번에 쓰는 경우도 있지만, 중간에 막히는 경우가 더 많다. 내가 아직 프로 글쟁이가 아니기에 나타나는 현상일 것이다. 이럴 때는 막힌 부분에서 잠시 중단하고 며칠 동안 가만히 놔둔다. 그냥 지켜만 본다. 그러다 보면 생각에 숙성이 일어난다. 생각하고 고민하던 것이 어느 날 갑자기 엉킨 실타래가 풀리듯이 술술 풀린다.

좋은 아이디어를 얻으려면 생각을 숙성시켜라. 아이디어 소스를 앞에 두고 몇 날 며칠을 가만히 쳐다보라. 그러면 생각에 발효가 일어난다.

황당한 아이디어 즐기기

1단계 – 황당한 아이디어 보관 파일을 만든다

신문을 읽다가, 인터넷을 검색하다가, 황당한 아이디어가 있으면 스크랩해서 파일에 보관하라. 황당한 아이디어를 많이 수집한 사람이 진짜 부자다.

낱말 맞추기 화장지 : 화장실에서 볼일 볼 때, 시간이 오래 걸리는 사람에게 낱말 맞추기를 하게 하면 어떨까?

마이크 스펀지 : 샤워할 때마다 노래를 부르는 사람이 있다. 샤워를 하면서 노래방 마이크와 같은 스펀지를 잡고 노래를 열창하게 하면 어떨까?

2단계 – 포스트잇을 활용한다

황당한 아이디어를 수집할 때마다 포스트잇에 짧게 메모를 해놓는다. 수집한 이유, 느낀 점을 간단하게 메모한다.

속이 비치는 금붕어 : 해부할 필요가 없다.

매운 고추를 이용한 무기 : 저렴한 가격으로 대량 생산이 가능하다.

브래지어 방독면 : 재미있겠다.

3단계 – 틈틈이 파일을 열어본다

시간 날 때마다 기분 전환 겸 파일을 열어보라. 포스트잇 메모를 읽는 재미도 쏠쏠하다.

적자생존,
환경에 적응하는 사람만이 살아남는다.

사전적 해석이 이렇다.

적자생존,
적는 사람만이 살아남는다.

지금은 이렇게 해석한다.

아이디어, 하루에 하나만 찾아라

서정주 시인은 바람, 나는 메모다

"스물세 해 동안 나를 키운 건 팔 할이 바람이다." 서정주 시인의 〈자화상〉에 나오는 시구다. 미당 서정주 시인은 자신을 키워준 8할이 바람이라고 했다. 이 시구를 보면서 나는 혼자 생각해본다. 나를 키워준 8할은 무엇이었을까? 오늘의 나를 있게 해준 80%는 무엇이었을까?

"공부가 가장 쉬웠어요." 서울대 수석 합격자가 쓴 책 제목이다. 한동안 '공부가 가장 쉬웠다'는 유행어를 만들어낸 책이다. 이후로 '춤추는 것이 가장 좋았어요'와 같은 변형된 유행어가 생겨나기도 했다. 그는 공부가 가장 쉬웠고, 공부가 오늘의 그를 만든 80%라고 했다.

그렇다면 당신을 키워준 80%는 무엇인가? 춤추기, 강아지, 비행기, 엉뚱한 생각 등 사람에 따라 대답이 다를 것이다. "나를 키워준 80%는 여행이었다." 여행 전문가라면 이렇게 대답할 것이다. 돌아다니는 것을 좋아했더니 여행 전문가가 되었다는 것이다. "나를 키워준 80%는 축구였다." 샤우팅 해설로 유명한 한 축구 해설위원은 이렇게 말했다. 그는 축구가 좋아서 축구를 연구하고 분석한 결과, 지금은 유명한 축구 해설가가 되었다.

나를 키워준 8할은 무엇일까? 곰곰이 생각해보니 나를 키워준 8할은 메모였다. 내가 책을 쓸 수 있고, 전국을 다니면서 강의를 할 수 있고, 현장 중심의 생생한 아이디어를 찾을 수 있었던 것은 메모하고 또 메모했기 때문이다. 아이디어가 떠오를 때마다 메모하고, 특이한 것을 볼 때마다 메모하고, 재미있는 이야기를 들을 때마다 메모한 것이 오늘의 나를 만들었다.

나는 침대 머리맡에 메모지와 필기도구를 놓고 잔다. 꿈속의 아이디어를 생포하기 위해 준비해놓는 것이다. 고민하고 고민하던 것에 대한 아이디어가 가끔 꿈속에서 떠오른다. 그러면 나는 눈도 뜨지 않은 채 비몽사몽으로 메모지에 휘갈겨놓고 다시 잔다. 아침에 일어나면 지난 밤 꿈속에서의 아이디어가 환하게 웃으면서 나를 반겨준다.

'필사즉생(必死卽生)'이라는 말이 있다. 죽기를 각오하고 싸워야 살 수 있다는 말이다. 그러나 지금은 그 뜻이 변했다. 필사(베끼어 쓰는 일)하는 사람만이 살아남는다. 즉, 기록하는 사람만이 살아남는다는 뜻이다.

'적자생존(適者生存)'이라는 말도 있다. 환경에 적응하는 사람만이 살아남을 수 있다는 말이다. 그러나 지금은 그 뜻이 이렇게 변했다. 적는 사람만이 살아남을 수 있다고.

손길이 닿는 곳에 메모 도구를 두고, 수시로 메모하라. 아이디어가 도 망가지 않도록 말이다. 아이디어맨으로 거듭나는 방법은 생각이 떠오를 때 재빨리 적는 것이다.

아이디어는 꼭 메모할 수 없을 때 떠오른다

"저는 집에서 화장실에 갈 때도 꼭 휴대폰을 들고 갑니다." 내가 '아 이디어 생포 작전'을 설명할 때 많이 하는 말이다. 하루는 화장실에서 볼일을 보고 있는데 갑자기 기가 막힌 아이디어가 떠올랐다. 볼일을 마 치고 나서 그 아이디어를 메모하려 했지만 도무지 생각이 나지 않았다. 화장실에서는 그렇게 생생했던 아이디어가 떠오르지 않아 답답하기만 했다. 그날 이후로 나는 화장실에 갈 때도 휴대폰을 들고 들어간다. 아 이디어가 떠오를 때 휴대폰에 녹음해두면, 일을 보고 난 뒤에도 그 아이 디어를 생생하게 기억할 수 있었다.

몇 년 전의 일이다. 운전하다가 전방 주시 태만으로 접촉 사고를 낸 적이 있다. 퇴근길이었는데, 교통체증으로 차가 가다 서다를 반복했다.

그 와중에 그동안 고민하고 있던 것에 대한 기발한 아이디어가 떠올랐다. 차 안에 놓아둔 메모지를 찾기 시작했다. 아이디어가 사라지기 전에 메모를 해둬야 한다는 생각에 눈은 앞을 보고 손으로 더듬더듬 메모지를 찾았다. 하지만 메모지가 손에 잡히지 않았다.

'이놈의 메모지가 어디 있지?' 하면서 메모지를 찾다가 갑자기 '쾅' 하고 부딪치는 소리가 났다. 앞차가 브레이크를 밟는 것을 보지 못하고 앞차를 박은 것이다. 다행히 큰 사고가 아니어서 후유증 없이 잘 살고 있다. 그 뒤로 운전을 할 때는 항상 휴대폰을 거치대에 올려놓는다. 그리고 아이디어가 떠오르면 휴대폰의 음성 녹음 기능에 주절주절 떠드는 습관이 생겼다.

아이디어는 꼭 메모할 수 없을 때 떠오른다. 꿈속에서, 운전을 하고 있을 때, 화장실에서 볼일을 볼 때와 같이 메모하기 어렵거나 불가능할 때 말이다. 나중에 아이디어를 떠올리려고 해도 도무지 생각이 나지 않는다. 마음만 답답할 뿐이다.

이런 나에게 너무도 유용한 도구가 바로 휴대폰이다. 휴대폰에는 메모, 녹음, 카메라 기능이 있다. 아이디어가 떠오르면 휴대폰에 대고 중얼거려라. 아이디어가 떠오를 때마다 휴대폰에 간단하게 메모해둬라. 핵심 키워드만 메모해도 된다. 나만 알아볼 수 있는 상형문자로 메모해도 괜찮다. 어떤 방법으로든 아이디어는 생각날 때 즉시 생포해야 한다.

하루에 하나, 보물을 찾아라

테레사 수녀가 한 말이다.

난 결코 대중을 구원하려고 하지 않습니다.

난 다만 한 개인을 볼 뿐입니다.

난 한 번에 단지 한 사람만을 생각할 수 있습니다.

난 한 번에 단지 한 사람만을 먹일 수 있습니다.

단지 한 사람, 한 사람, 한 사람씩만.

따라서 당신도 시작하고 나도 시작하는 겁니다.

난 한 사람만을 붙잡을 뿐입니다.

만일 내가 그 한 사람을 잡지 않았다면

4만 2,000명을 붙잡지 못했을 겁니다.

하루에 1명을 붙잡았더니, 시간이 어느 정도 지나자 4만 2,000명을 구원하게 되었다는 것이다. 하루에 1명이면 충분하다. 아이디어 또한 그렇다. 하루에 하나씩만 찾으면 된다. 어느 정도 시간이 지나면 그것들이 어마어마한 자산이 된다. 하루, 하나의 기적을 체험해보라. 하루에 하나씩만 수집하면 기적이 일어난다. 아이디어를 하루에 하나만 찾아라. 하루에 하나만 찾아도 한 달이면 30개, 6개월이면 180개, 1년이면 365개를 찾을 수 있다. 한꺼번에 많은 것을 찾으려 애쓰지 마라. 하루에 하나씩만 찾으면 충분하다. 오늘 하나를 찾았는가? 축하의 박수를 보낸다. 당신은 오늘 보물 하나를 찾은 것이다.

언젠가 신문에서 나무뿌리만 집중적으로 수집하는 사람의 기사를 읽은 적이 있다. 남들은 쳐다보지도 않는 나무뿌리를 그는 전국을 누비며 30년 넘게 수집했다고 한다. 마당에는 나무뿌리로 발 디딜 틈이 없었고, 방마다 나무뿌리가 가득했다. 마침내 이것이 가장 귀중한 재산이자 경쟁력이 되었다. 지금은 나무뿌리 예술가들이 전국에서 그를 찾아온다.

나의 취미는 수집이다. 신문 자료, 동영상, 현장 활동 사례 등을 수집하는 것이다. 신문을 보든, 라디오를 듣든, 어디에 가서 무엇을 보든, 강의하는 데 도움이 될 만한 것은 무조건 수집한다. 책장에는 스크랩 파일이 분야별로 나뉘어 있고, 노트북에는 동영상 자료들이 영역별로 나뉘어 보관되어 있다. 이것들이 내 강의의 경쟁력을 만들어주었다. 현장 중심의 생생한 강의를 만들어주는 밑천이 되었다.

아이디어 생포 방법

아이디어들이 고삐 풀린 망아지처럼 여기서 깡충, 저기서 깡충 뛰어다니고 있다. 뛰어다니는 아이디어를 어떻게 생포할 것인가?

아이디어 생포 도구와 그 활용법에 대해 생각해보자.

| 휴대폰 | 1. 메모 기능 | 2. 녹음 기능 |
| | 3. 카메라 기능 | 4. 데이터 전송 기능 |

| 메모지 | 1. 사례 메모 | 2. 느낌 메모 |
| | 3. 그림 메모 | |

클리어 파일	1. 신문 스크랩
	2. 인터넷 자료 스크랩
	3. 책에서 찾은 아이디어 스크랩

| 블로그 | 1. 인터넷 검색 중 찾은 자료 보관 |
| | 2. 카테고리별 자료 분류 보관 |

| 컴퓨터 | 1. 아이디어 폴더 | 2. 그림 폴더 |
| | 3. 사진 폴더 | |

보물찾기,
하나도 못 찾았다.

설렁설렁 찾았기 때문이다.

보물찾기,
다섯 개나 찾았다.

치열하게 찾았기 때문이다.

간절히 원하고 치열하게 찾아라

인생은 보물찾기 게임이다

초등학교 시절을 추억하면 가장 먼저 떠오르는 것이 무엇인가? 운동회와 소풍이 아닐까 싶다. 그리고 나는 소풍 하면 보물찾기가 가장 기억에 남는다.

얼마 전 야유회를 가서 추억의 보물찾기 게임을 했다. 주어진 시간은 10분! 10분 안에 보물을 찾아야 한다. 모두들 보물을 찾는 데 혈안이 되어 있었다. 나뭇가지도 살피고, 돌도 뒤집어보고, 수풀도 헤친다. 보물을 다섯 개나 찾았다. 상품으로 볼펜도 받고, 밀폐용 유리그릇도 받고, 뻥튀기 과자도 받았다. 상품을 받아 든 사람들은 보물찾기의 열정으로 얼굴이 상기되어 발그레한 꽃이 피었다. 모처럼 초등학교 시절로 돌아가 소풍의 추억을 되새겨보는 즐거운 시간이었다.

인생은 보물찾기 게임이라고 한다. 세상 곳곳에 숨겨져 있는 보물을 찾는 것이 인생이다. 아이디어라는 보물, 기회라는 보물은 세상 곳곳에 숨겨져 있다. 이 보물을 찾으면 행복이라는 선물, 명예라는 선물, 부자라는 선물이 주어진다.

보물은 주어진 시간 내에 찾아야 한다. 초등학교 소풍에서 보물찾기에 주어진 시간은 10분이었다. 인생에서 보물찾기에 주어진 시간은 최대한 길게 주어져야 100세 정도다. 그 시간 안에 보물을 찾아야 한다. 이 보물을 빨리 찾는 사람도 있고, 늦게 찾는 사람도 있다. 또 어떤 사람은 끝까지 찾지 못하고 꽝으로 끝나기도 한다.

보물찾기 게임에는 힌트가 주어진다. 진행자가 게임을 시작하기에 앞서 보물이 숨겨진 장소와 영역을 알려준다. 그 힌트를 머릿속에 넣어두고 보물을 찾아야 한다. 그렇지 않으면 엉뚱한 곳에서 보물을 찾아 헤매며 헛수고를 하게 된다. 인생에서의 보물찾기 게임에도 힌트가 주어진다. 일상생활 중에 사람들의 말에서 숨겨진 힌트가 툭 튀어나오기도 한다.

예를 들면, 중국 음식점에 가면 '짬짜면'이라는 메뉴가 있다. 짜장면과 짬뽕이 한 그릇에 같이 나오는 음식이다. '짜장면을 먹을까? 짬뽕을 먹을까?' 이렇게 고민하는 사람들의 망설임 속에서 '짬짜면'이 탄생했다. 무얼 먹을까 고민하는 모습에 짬짜면의 힌트가 숨어 있었던 것이다.

지금 우리는 세상 곳곳에 숨겨진 보물을 찾는 게임을 하고 있다. 눈에 보이는 것 가운데 숨겨진 보물의 힌트가 있다. 귀에 들리는 것들 가운데 숨겨진 보물의 힌트가 있다. 눈을 동그랗게 뜨고, 귀를 쫑긋 세우고 힌트를 찾아라. 힌트를 찾으면 '히트'라는 보물을 얻게 된다.

간절함과 치열함으로 찾아라

'2% 부족할 때'라는 음료가 있다. 왜 상품 이름이 '2% 부족할 때'일까? 코카콜라, 박카스 등과 같은 명사형 이름도 많은데 '2% 부족할 때'라고 서술형으로 지은 이유는 무엇일까? 이 상품이 처음 대할 때 누구나 한 번쯤은 가졌을 법한 의구심이다.

지구는 70%가 물로 되어 있다. 우리 몸도 70%가 수분으로 이루어져 있다. 70%라는 공통점을 발견하고 '어!' 하는 감탄사가 나왔다. 조물주가 세상을 창조한 후 인간을 만들 때 70%라는 공통된 개념으로 만들었나 보다. 인간의 몸을 구성하고 있는 70%의 수분 중에 2%가 빠져나가면 심한 갈증을 느낀다. 수분이 5%가 부족하면 혼수상태에 이르게 되고, 12%가 부족하면 사망에 이른다. 새삼 물의 소중함을 느끼게 된다. 심한 갈증을 느낄 때가 수분이 2% 부족할 때다. 이럴 때 부족한 2%를 채우라는 의미에서 상품 이름을 '2% 부족할 때'라고 지었다고 한다.

세상에 숨겨진 보물을 찾으려면 간절함과 치열함이 있어야 한다. 간절히 원하고 치열하게 찾아야 숨겨진 보물을 찾을 수 있다. 이 간절함과 치열함이 겉으로 나타나는 것이 열정이다. 성공이라는 결과물은 70%가 열정에서 나온다.

우리 몸에서 열정이 2% 빠져나가면 답답증을 느끼고, 초조한 증상이 나타난다. 결국에는 짜증으로 폭발하는 경우도 생긴다.

답답한가? 불안한가? 짜증나는가? 당신은 지금 열정의 에너지가 2% 부족한 상태다. 열정이라는 정신적 에너지가 2% 빠져나갔을 때 나타나는 증상을 겪고 있다. 이럴 때는 책을 읽어라. 강의에 참석하라. 그러면 '2% 부족할 때'라는 음료를 마시는 것처럼 갈증이 시원하게 해결될 것이다.

방황하고 있는가? 슬럼프에 빠져 있는가? 삶이 무기력한가? 자포자기하고 싶은가? 그렇다면 삶에 열정의 에너지가 5% 부족한 상태다. 삶이 혼수상태에 빠질 수 있는 위험한 상태다. 당장 전문가의 응급처치를 받아야 한다. 전문가로부터 인생 리모델링 컨설팅을 받아야 한다.

우리 몸은 수분이 부족하면 위험하고, 우리 인생은 열정이 부족하면 위험해진다.

'집요함'을 키워라

辛(신)과 幸(행)이라는 한자가 있다. 먼저 '辛' 자는 어디서 많이 본 느낌이다. 그렇다, 라면 봉지에서 봤다. 매운맛의 라면 이름이다. '辛'은 괴로울 때 쓰는 '매울 신' 자다. 이 글자를 보면 인생살이가 고추보다 맵다는 노래 가사가 생각난다. 세상이 그리 녹록치 않다는 뜻이다. 한편 '幸' 자는 다행, 요행, 행복 등을 표현할 때 쓰는 '다행 행' 자다.

두 한자를 가만히 들여다보라. 무엇이 다른가? 다른 것은 똑같은데, 하나만 다를 뿐이다. 획 하나가 있느냐, 없느냐에 따라 전혀 다른 뜻이 된다. 신(辛) 자에 획 하나를 더하면 행(幸) 자가 된다. 무슨 말인가? 불행을 행복으로 바꾸고자 한다면 하나를 더하라는 말이다.

다시 보물찾기로 돌아가보자. 숨겨진 보물을 찾으려면 간절히 원하고 치열하게 찾아야 한다. 이 간절함과 치열함이 바로 집요함이다. 그리고 집요함이 더해져야 불행이 행복으로 바뀐다.

보물찾기 게임에서 보물을 하나도 찾지 못했다. 사람들은 여기저기에서 보물을 찾았다고 난리인데, 나는 아직 하나도 찾지 못했다면 신(辛)의 상태다. 괴롭고 초조하다. 내가 찾지 못한 것은 대충대충, 설렁설렁 찾았기 때문이다. 찾으면 좋겠지만 못 찾아도 할 수 없다는 마음이었고, 거기에는 집요함이 없었다.

보물을 찾은 사람들은 집요함이 남다르다. 심마니가 '심봤다'를 외치는 순간을 떠올려보라. 집요함이 빛을 발하는 순간이다. 고통이 행복으로 바뀌고, 신(辛) 자가 행(幸) 자로 바뀌는 순간이다.

아이디어를 찾고 싶은가? 집요함을 키워라. 뚫어지게 쳐다보라. 풀릴 때까지 물고 늘어져라. 찾을 때까지 자리를 뜨지 마라.

"매일 아침마다 한 글자를 종이에 씁니다." 어느 CEO가 한 말이다. 그는 매일 아침 해결해야 할 현안 문제를 한 글자로 종이에 써놓고 뚫어지게 쳐다본단다. 가만히 쳐다보고 있노라면 이런저런 생각들이 떠오르고, 해결해야 할 현안 문제를 적은 글자 옆에 떠오른 생각들을 적어 나가기 시작한다. 어느새 종이 한 장이 갖가지 생각들로 빽빽해진다. 그것들을 조합도 해보고, 비틀어보기도 하고, 거꾸로 세워보면, 전구에 팍 불이 들어오듯이 아이디어가 반짝 떠오르더라는 것이다.

불행과 행복은 큰 차이가 있는 것이 아니다. 하나가 있느냐, 없느냐에 따라 달라진다. 바로 '집요함'이다. 집요함이야말로 신(辛)을 행(幸)으로 바꿔주는 열쇠다.

브레인스토밍 연습

뚫어지게 쳐다보면 뚫린다. 영어 문장이 잘 해석되지 않으면 10번, 20번 읽어라. 아니, 100번이라도 읽어라. 해석이 될 때까지!

> **인맥관리**

1단계 **현안 문제를 적어라**

종이에 현안 문제인 '인맥관리'라는 글자를 적는다.
이 글자를 뚫어지게 쳐다봐라.

2단계 **생각나는 것을 적어라**

'인맥관리'에 대해 떠오르는 온갖 단어들을 나뭇가지 모양
으로 적어나가라.

3단계 **퍼즐 게임을 하라**

적은 단어들을 퍼즐 게임하듯 조합해보라.
이렇게도 맞춰보고, 저렇게도 맞춰봐라.
이것과 연결하고 저것과 연결해보라.
하나의 작품이 될 때까지!

기적의 파워는 인생 로드맵에서 나온다

기업은 R&D(연구 개발)가 없으면 죽고
개인은 R&D(로드맵 개발)가 없으면 죽는다

기업의 R&D는

Research & Development

(연구 개발)이다.

기업은 R&D가 없으면 죽는다.

개인의 R&D는

Roadmap & Development

(로드맵 개발)이다.

개인도 R&D가 없으면 죽는다.

인생 로드맵을 다시 짜라

숲을 먼저 보고, 나무에 접근한다

친한 선배가 있는데, '고릴라와 게릴라론'이라는 말을 자주 한다. 지금은 고릴라 정신으로 살면 죽고, 게릴라 정신으로 살아야 살아남을 수 있다는 주장이다. 왜 고릴라 정신으로 살면 죽을까?

첫째, 고릴라는 나무만 보고, 나무에 열매가 열려 있으면 그 열매만 따 먹으려고 덤벼든다. 그러니 주변 상황에 대한 통찰이 없다. 내일에 대한 생각도 없다. 그러나 게릴라는 숲을 먼저 보고 그다음에 나무를 본다. 나무가 공격 목표라 해도 나무만 보고 접근하지 않는다. 먼저 숲 전체를 보고 나무에 접근하는 방법을 생각해낸다. 나무만 보고 접근했다가는 숲속에 숨어 있는 적군에게 언제 공격을 당할지 모르기 때문이다. 지금 당장, 오늘 당장을 보는 것이 아니라 내일을 생각하면서 오늘을 살아가는 것이다.

둘째, 고릴라는 준비와 연습이 없다. 고릴라는 배부르면 누워서 자고,

배고프면 어슬렁어슬렁 먹이를 찾아 나선다. 특별한 준비와 대비책이 없다. 그러나 게릴라는 지옥 훈련도 마다하지 않는다. 아무리 평온한 기간에도 지옥 훈련과 같은 고된 훈련을 통해 강인한 체력을 만들어나간다.

전략과 전술 중에 무엇이 먼저일까? 당연히 전략이 먼저다. 전략은 큰 그림, 전술은 세부 그림이기 때문이다. 큰 그림을 먼저 그려야 세부 그림을 그릴 수 있다. 게릴라 정신으로 사는 사람은 숲을 먼저 보고 그다음에 나무를 본다. 큰 그림을 먼저 그리고 세부 그림을 그려나가는 것이다. 그러나 고릴라 정신으로 사는 사람은 나무만 보고 숲을 보지 않는다. 세부 그림에만 집착한다. 큰 그림에는 관심도 없고, 그릴 능력도 없다.

중요한 일과 급한 일 중에는 무엇을 먼저 해야 할까? 많은 사람들이 급한 일이라고 대답한다. 발등에 떨어진 불부터 꺼야 한다는 것이다. 틀렸다. 이는 고릴라 정신으로 사는 것이다. 오늘밖에 볼 줄 모르는 셈이다. 급한 일은 지금 당장 해야 하는 일이다. 작은 그림이고, 전술이다. 급한 일에 치중하는 사람은 결과밖에 모르고, 눈앞에 닥친 일만 본다. 마음에 여유도 없다. 그래서 하루하루 쫓겨서 살아간다.

급한 일보다 중요한 일을 먼저 해야 한다. 내일을 내다보고 오늘을 살아가는 것이야말로 중요한 일을 먼저 하는 것이다. 중요한 일은 앞으로의 방향이다. 큰 그림이고, 전략이다. 중요한 일이 먼저인 사람은 과정을 본다. 나아가야 할 방향을 먼저 정하고, 과정 관리를 충실히 한다. 급한 일에만 집착하는 사람은 그냥 그런 평범한 인생을 살고, 중요한 일을 우선으로 하는 사람은 특별한 전문가의 인생을 산다.

로드맵이 없으면 로드킬 당한다

고속도로에는 '동물이 이동하고 있어요'라는 안내문이 걸린 야생동물 이동 통로가 있다. 동물들이 도로를 횡단하다 로드킬 당하지 않도록 만들어놓은 통로다. 야생동물이 도로를 횡단하다가 달리는 차에 치여 죽는 것을 로드킬이라 한다. 동물들에게는 길을 안내해주는 로드맵이 없어서, 감각적으로 도로를 횡단하다 로드킬을 당한다.

동물들은 지금 자기가 가고 있는 길이 죽는 길인지, 사는 길인지 알지 못한다. 가야 할 길, 가지 말아야 할 길이 있지만 아무 길이나 건너다가 로드킬 당하는 것이다.

사람도 마찬가지다. 로드맵이 없으면 로드킬 당한다. 아무 길이나 가다가는 죽기 십상이다. 계획 없이 닥치는 대로 살아가다가는 시대와 환경의 변화에 경쟁력이 떨어져 도태되고 만다. 이는 로드킬 당하는 것이나 마찬가지다.

어떤 사람이 로드킬 당할까?

첫째는 생각 없이 사는 사람이다. 아무 생각 없이 하루하루를 살아가는 사람은 아침에 눈을 떴으니까 살고, 저녁에 해가 졌으니까 잠자리에 든다. 왜 밥을 먹느냐고 물으면 배가 고프니까 먹는다고 한다. 어떤 음식을 먹고, 어떻게 맛있게 먹을 것인가에 대해서는 생각도 없고, 생각하려고도 하지 않는다.

둘째는 준비 없이 사는 사람이다. 이들은 내일에 대한 준비가 없고, 변화에 대한 준비가 없다. 오늘에만 집착하고, 눈앞에 닥친 일에만 매달린다. 우물 안 개구리처럼 산다. 더 큰 세상이 있다는 것을 모르고 우물 안의 세상이 전부인 줄 알고 사는 것이다.

셋째는 방향 없이 사는 사람이다. 이들은 목적지도 없이 길을 나서는 사람과 같다. '오늘도 걷는다마는 정처 없는 이 발길'이라는 노래 가사처럼 발길 닿는 대로 무작정 길을 걷는다. 어디로 가야 하는지 목적지도 없이 걷는다. 인생에 대한 로드맵도 없다. 그래서 나이가 들고 환경이 변하면 로드킬 당하는 것이다.

인생의 로드맵을 만들어라. 로드맵은 앞으로의 계획이나 전략 등이 담긴 구상도다. 어디로 가고 무엇을 해야 하는지 구체적인 계획을 담고 있다. 몇 년도에는 몇 살이 되고, 그때는 무엇을 할 것인가? 그러기 위해 어떻게 준비하면서 살 것인가? 바로 이런 청사진이 로드맵이다.

인생 로드맵이 있는가?

10대 : 있는 힘을 다해 놀아라.

20대 : 있는 힘을 다해 모험하라.

30대 : 있는 힘을 다해 배워라.

40대 : 있는 힘을 다해 일하고 벌어라.

50대 : 무슨 일이든 앞장서서 이끌고 나가라.

60대 : 위엄을 갖춰 떠나라.

70대 : 있는 힘을 다해 즐기면서 생활하라.

미국 최초의 전국지 〈USA 투데이〉를 창간한 엘 뉴하트의 인생 계획이다. 그는 어릴 때부터 이렇게 살 것이라고 다짐하며 살았다고 한다.

프로 인생을 사는 사람이 있고, 포로 인생을 사는 사람이 있다. 프로와 포로의 차이점은 무엇인가? 프로에 점 하나를 찍은 것이 포로일 뿐일까? 천만의 말씀! 프로는 자신의 인생 사이클에 따라 자기만의 삶을 산다. 반면, 포로는 인생 사이클도 없이 되는대로 산다. 일의 노예가 되어 산다.

프로에게는 있고 포로에게는 없는 것이 있다. 인생 로드맵이다. 길게는 10년, 짧게는 1년 단위로 삶을 어떻게 살 것인지 계획하고 구체적인 행동 방법을 세워 실천하는 인생 전략을 말한다.

나는 매년 12월이 되면 다음 해 내 인생의 행동 계획을 짠다. 이름하여 '문충태의 인생 프로젝트'다. 부끄럽지만 이해를 돕기 위해 내 행동 계획을 소개한다.

올해의 계획은 'ABCD 프로젝트'라고 이름 붙였다.

A는 Affliction(고난)이다. 고난을 통해 성장하겠다는 뜻이다. 역경을 극복하기 위해 날마다 나에게 채찍질하면서 살겠다는 각오다.

B는 Book and Books(책)다. 1년에 책을 1권씩 쓰겠다는 것이 나 자신과의 약속이다. 그러기 위해서는 많은 책을 읽어야 한다. 얄팍한 지식은 금방 밑천이 드러나기 때문이다. 그래서 한 달에 5권 이상의 책을 구입해서 공부하겠다는 것이 내 목표다.

C는 Contents(내용물)다. 나는 사람 앞에서 강의하는 사람이다. 내 강의의 경쟁력은 콘텐츠에서 나온다. 월별로 콘텐츠를 업그레이드하는 계획을 세워 실천하겠다는 것이다.

마지막 D는 Devotion(봉사)이다. 나보다 못한 이웃을 돌아보고 내가 가지고 있는 재능을 같이 나누겠다는 각오다.

프로냐, 포로냐는 인생 로드맵이 있느냐, 없느냐에 따라 달라진다. 인생 로드맵을 1년, 3년, 5년, 10년 단위로 구체적으로 만들어라.

인생 로드맵 만들기

로드맵이 없으면 로드킬 당한다. 나의 인생을 한눈에 볼 수 있는 로드맵을 만들어보자.

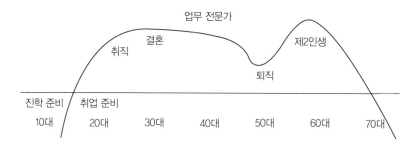

1. 나의 경쟁력을 그래프로 그려본다.
2. 선을 기준으로 선 아래는 경쟁력이 약할 때, 선 위에는 경쟁력이 강할 때를 그래프로 표시한다.
3. 연령대별로 인생의 큰 기점을 표시하고 설명을 붙인다.
4. 인생의 큰 기점을 준비하는 방법을 연구한다.
5. 구체적인 계획이 필요하면 별도의 표를 만들어 작성해서 실행한다.

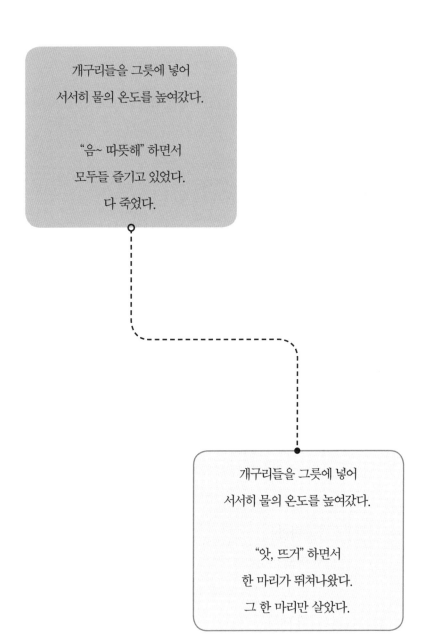

개구리들을 그릇에 넣어
서서히 물의 온도를 높여갔다.

"음~ 따뜻해" 하면서
모두들 즐기고 있었다.
다 죽었다.

개구리들을 그릇에 넣어
서서히 물의 온도를 높여갔다.

"앗, 뜨거" 하면서
한 마리가 뛰쳐나왔다.
그 한 마리만 살았다.

오늘을 보지 말고 내일을 보라

어떤 나이를 먹고 있는가?

시간에 대해 생각하다 보면 자연스럽게 나이를 떠올리게 된다. 많은 사람들이 하루를 인생의 축소판이라고 한다. 아침에 잠자리에서 일어나는 시간이 태어나는 시간이요, 저녁에 잠자리에 드는 시간이 인생을 마치는 시간이다.

또 인생을 속도에 빗대어 말하기도 한다. 20대는 시속 20킬로미터의 속도로 가고, 30대는 30킬로미터, 40대는 40킬로미터, 50대는 50킬로미터로 간다. 나이가 들수록 하루의 속도가 빠르게 지나간다는 말이다.

20대일 때는 이 말에 공감하기가 힘들었다. 그저 나이 든 사람들의 푸념일 뿐이며, 세대 차이에서 오는 생각의 차이라 여겼다. 그런데 요즘 내가 느끼는 인생 속도가 그렇다. 하루가 왜 그리 빨리 가고, 한 달은 왜 그리 후딱 지나가는지, 또 계절은 왜 그리 빨리 바뀌는지 모르겠다. 봄이 왔나 싶으면 금방 여름이고 어느새 겨울이다. 인생 선배들이 시간을 속도에 비유한 마음을 이해할 수 있을 것 같다.

당신은 지금 어떤 나이를 먹고 있는가? 시간과 함께 먹는 세월의 나이가 있는 한편, 건강 수준을 말해주는 신체의 나이가 있다. 또한 정신 연령에 따른 정신적 나이가 있고 활동 경력에 따른 경륜의 나이가 있다.

세월의 나이나 신체적 나이는 먹지 마라. 이런 나이를 먹으면 경쟁력이 떨어진다. 경륜의 나이를 먹어야 한다. 나이를 먹을 때마다 경쟁력이 더해져야 한다. '나이는 숫자에 불과할 뿐이다'라는 말은 경륜의 나이를 먹는 사람에게만 해당된다. 작은 일은 힘으로 하고, 큰일은 경륜으로 한다. 세월의 나이, 신체적 나이는 먹을수록 달갑지 않다. 반면 경륜의 나이는 먹을수록 기분이 좋다.

안전지대에 머물려는 자신과 싸워라

오랜만에 친구들을 만나 저녁 식사를 했다. 소주도 한잔하면서 직장, 자녀, 세상 돌아가는 이야기를 안주 삼아 마셨다. 그러다가 이야기의 종착역은 나이가 되었다.

대기업에서 임원직을 맡고 있는 친구가 입을 열었다. 그가 나에게 "나는 문 원장이 부러워 죽겠어"라고 했다. 내 연구소가 '공감 커뮤니케이션 연구원'이라서 원장이라고 부르는 것이다.

"무슨 소리야? 나는 네가 더 부러운데? 너는 우리나라에서 손꼽히는 대기업 임원이잖아"라고 했더니, 그 친구가 폭탄과도 같은 말을 꺼냈다. "아니야, 나는 한 달에 한 번씩 뽕을 맞고 있어." 그 친구의 말에 친구들의 술잔이 일제히 입가에서 멈췄다. 모두들 놀란 표정이었다.

무슨 말인가 했더니, 매 월급날마다 월급이라는 뽕을 한 대씩 맞고 있다는 뜻이었다. 매달 월급만 꼬박꼬박 받다 보니 1년, 2년, 3년…… 세월만 보내게 되었고, 이제는 경쟁력이 떨어져 폐차될 날짜만 기다리고 있다고 말했다. 오늘만 보고, 자기계발에 소홀한 결과라고 했다. 그런 자신에 비해, 나는 잘나갈 때 '독립 만세'를 불러 지금은 하고 싶은 일을 즐겁게 하고 있으니 부럽다고 했다.

자신과 싸워야 한다. 길들여지고 현실에 안주하려는 자신과 싸워야 한다. 안전지대에 머무르려는 자신과 싸워야 한다. 누구나 안전지대에서 살고 싶어 한다. 비바람 부는 폭풍지대로 가고 싶은 사람이 누가 있겠는가? 그러나 기억하라. 그곳이 끝까지 안전지대가 되지는 못한다는 사실을……. 오늘은 안전지대일지 모르지만, 내일은 나를 황량한 벌판으로 내모는 사각지대가 될지도 모른다.

잘나갈 때를 경계하라. 계절에는 봄, 여름, 가을, 겨울이 있듯이 사람에게는 유아기, 성장기, 전성기, 쇠퇴기가 있다. 쇠퇴기가 언제 올지는 아무도 모른다. 그러나 누구에게나 쇠퇴기는 온다. 나에게 쇠퇴기가 언제일지는 모르지만 쇠퇴기가 온다는 것을 예측할 수는 있다.

내일을 대비하고 준비하라

'맑은 날 우산을 준비하라'고 하는 말이 있듯, 지금 잘나갈 때 내일을 준비해야 한다. 오늘 내가 하는 일 중에 가장 잘하는 것을 찾아라. 그리고 그 일을 집중적으로 개발하라. 그러면 내일이 두렵지 않다. 내일을 보면 앞으로 내가 할 수 있는 '내 일'이 보인다.

임진왜란이라는 난세에 이순신이라는 영웅이 나타났다. 경제불황이라는 위기에 스티브 잡스라는 거상이 나타났다. '난세에 영웅 나고, 불황에 거상 난다'고 했다. 무슨 뜻인가? 세상이 어려울 때 문제를 해결한 사람이 영웅이 되고, 경기가 어려울 때 기회를 만든 사람이 거상이 된다는 말이다.

무슨 말인지는 알겠는데, 내 인생과는 거리가 먼 것 같다. 한마디로 내 현실과 동떨어진 얘기라고 내팽개쳐버리고 싶다. 그러나 도망치지 마라. 등 돌리지도 마라. 등 돌리고 도망가는 당신에게 이렇게 소리치고 있다. "지금은 당신에게 기회야. 세상이 어렵잖아. 어려움을 해결하면 당신은 영웅이 되는 거야. 경기가 어렵잖아. 이럴 때가 기회라고. 당신이 성공할 수 있는 기회가 왔단 말이야."

흔히 '위기는 기회'라고 한다. 귀에 딱지가 앉을 정도로 많이 들었던 말이다. 이제는 듣기만 해도 지겨워질 지경이다. 그러나 한 번만 더 들어라. 지금의 세상이 어렵기 때문이다. 경기가 불황이다. 지금의 당신을 위해 오래전부터 준비된 말이 '위기는 기회'라는 말이다. 그러나 오해하지 마라. 세상이 어렵다고 해서, 경기가 불황이라고 해서 기회가 저절로 온다는 뜻은 아니다. 미리 준비하고 대비한 사람에게만 위기는 기회가 된다.

이순신은 전쟁이 일어나기 전에 거북선을 준비했기에 영웅이 될 수 있었다. 스티브 잡스는 어려울 때 생각을 전환했기에 거상이 될 수 있었다.

"Stay hungry, stay foolish(항상 갈망하라, 우직하게 나아가라)." 스티브 잡스가 스탠퍼드 대학 졸업식에서 한 말이다. 이 말 또한 지금은 모르는 사람이 없을 정도로 유명한 명언이 되었다.

한 번만 더 곱씹어 듣자. "항상 갈망하라." 현재 상태에 만족하지 말고 계속 갈망하라는 말이다. "우직하게 나아가라." 똑똑하다고, 다 배웠다고 자만하지 말고, 항상 모자라다고 생각하고 배우는 일을 게을리하지 마라.

만족할 때가 아닌데도 현실에 안주하여 배우려 하지 않는 데 문제가 있다. 아직 모자란 부분이 많은데도 혼자 잘나고 똑똑하다고 교만해지는 데 문제가 있다. 그런 사람에게는 위기가 오더라도 기회가 주어지지 않는다.

힘들고 어렵다고 주저앉지 마라. 경기가 어렵다고 좌절하지도 마라. 어두울 때 촛불을 켜야 한다. 어려울 때일수록 자신에게 더 투자해야 한다. 어려울 때일수록 기초를 튼튼히 하는 데 주력해야 한다. 내가 가장 잘하는 것을 집중적으로 연마하라. 내가 좋아하는 것을 집중적으로 공부하라. 지금은 분명 난세이고, 불황이다. 영웅이 되고 거상이 될 수 있는 기회는 기초를 튼튼히 하면서 때를 기다리는 사람에게만 주어진다.

내일을 위한 R&D(로드맵 개발)

현재 위치	현안 목표	집중적으로 할 일	구체적인 프로그램
33세 (회계 업무 담당자)	국제 공인회계사	1. 장기 2. 중기 3. 단기	

1. **현재 위치** : 나이와 함께 현재 내가 어느 시점인지 적어본다.

   (예: 33세 회계 업무 담당자)

2. **현안 목표** : 경쟁력을 강화하기 위해 무엇을 할 것인지 적는다.

   (예: 국제 공인회계사)

3. **집중적으로 할 일** : 장기, 중기, 단기로 구분해서 할 일을 생각해본다.

4. **구체적인 프로그램** : 장기, 중기, 단기에 맞춘 프로그램을 만들어본다.

Best는

순응 정신이다.

주어진 현실에서 최선을 다하는 것이다.

Better는

창조 정신이다.

주어진 현실을 더 좋게 만드는 것이다.

내 안의 야성을 키워라

매너리즘에는 매너가 없다

빠지거나 걸리지 말아야 할 것이 있다. 바로 현실 안주와 매너리즘이다. 현실 안주에는 치열함이 없다. 매너리즘에는 참신성과 독창성이 없다. 그러므로 치열하고 간절하게 살아가려는 자세가 없다. 현실에 안주해 매일 다람쥐 쳇바퀴 돌듯 사는 것이 매너리즘이다. 어제도, 오늘도 똑같이 사는 것이다. 위기는 어려울 때 찾아오는 것이 아니다. 현실에 안주했을 때 위기가 찾아온다. 매너리즘에서 허우적거릴 때 위기가 공격한다.

김수동 씨는 원래 프로 골퍼였다. 그런 그가 아웃도어 전문 수선집 '더 원 리페어(The one repair)'로 전환해 인생 역전에 성공했다. 이전에 실내 골프 연습장을 운영했지만 쫄딱 망했다. 그래서 1천만 원의 종자돈으로 아웃도어 수선집을 차린 것이다. 어릴 때 취미 삼아 재봉을 배웠던 것이 계기가 됐다.

개업 후 1년 동안은 자정이 되기 전에 집에 들어간 적이 없었다. 매일매일 지인이 운영하는 등산복 가게에서 5~6장씩 샘플을 가져와 수선 연습을 했다. 낮에는 일을 하고, 밤에는 수선 실력을 닦은 것이다. 개업 4년 만에 월 수익 2천만 원이 넘는 사업으로 만들었다. 가게 이름을 '더 원 리페어'로 한 이유가 아웃도어 의류 수선 분야에서 최고가 되겠다는 의지의 표현이었다. 그의 성공 비결은 야성에 있었다. 지독하리만큼 처절하게 사업에 임하는 자세는 현실에 안주하지 않고 치열하게 살아가려는 야성의 모습이었다.

붕어빵에는 붕어가 없다. 빈대떡에는 빈대가 없다. 소나무에는 소가 없다. 게맛살에는 게가 없다. 바나나맛 우유에는 바나나가 없다. 시중에 떠도는 유머다. 이 유머를 바꾸면 이렇게 된다. 현실 안주에는 안주가 없다. 매너리즘에는 매너가 없다. 현실 안주에 빠지면 성공이라는 즐거운 안주가 없다. 매너리즘에 빠지면 치열하게 간절하게 살아가는 인생 매너가 없다.

자신과 타협하지 마라. 스스로 빠져나갈 곳을 만들어놓고 어쩔 수 없었다며 자신과 타협하고 있지는 않은가? 현실에 안주하려는 자신을 채찍질해야 한다. 매너리즘에 빠져 독창성을 잃어가는 자신을 채찍질해야 한다.

지켜야 할 기본 예의를 지키지 않으면 무례한 사람이 된다. 삶에 대해 기본 예의를 지키지 않는 것도 무례한 것이다. 간절하게 치열하게 사는 것이 인생에 대한 기본 예의다. 나는 지금 내 삶에 무례를 범하고 있지는 않은가?

타성을 키울 것이냐, 야성을 키울 것이냐?

뱀과 개구리, 고양이와 쥐, 무당벌레와 진딧물, 육식동물과 초식동물……. 이들의 공통점은? 바로 천적 관계라는 점이다. 뱀은 본능적으로 개구리를 잡아먹고, 고양이는 쥐를 잡아먹고, 육식동물은 초식동물을 잡아먹는다.

고양이 옆을 쥐가 어슬렁거린다. 이럴 때 고양이는 어떻게 해야 할까? 본능적으로 쥐를 낚아채야 한다. 하지만 집에서 길러진 고양이는 쥐를 잡을 줄 모른다. 쥐가 옆에 있어도 멀뚱멀뚱 쳐다볼 뿐 잡으려 하지 않는다. 야성을 잃었기 때문이다. 주는 대로 먹고 주어진 상황에 길들여지다 보니, 본능을 잃어버린 것이다. 쥐를 잡을 줄 모르는 고양이는 더 이상 고양이가 아니다. 이름만 고양이일 뿐이다.

서울대공원 수족관에서 돌고래 쇼를 하던 '제돌이'를 기억하는가?

'제돌이'는 원래 제주 근해에서 살던 야생 돌고래였는데, 포획되어 서울대공원 수족관에서 길러졌다. 주는 대로 먹이를 받아먹으면서 길들여졌다. 재주 하나 넘으면 고등어 한 마리, 쇼를 하면 생선 한 마리를 상품으로 받아먹었다. 거기에 길들여지다 보니 생선 잡는 법을 잊어버렸다. 그래서 고향인 제주 앞바다로 다시 돌려보내질 때는 몇 개월 동안 야생 적응 훈련을 한 다음에야 돌아갈 수 있었다.

'칭기즈칸 - 야성 = 목동'이라는 공식이 있다. 무슨 뜻일까? '거대한 몽골제국을 건설한 칭기즈칸에게서 야성이 없었다면 한낱 목동에 지나지 않았을 것'이라는 뜻이다.

야성을 잃지 마라. 자기 안에 있는 야성을 잃는 순간, 이미 죽은 인생을 살게 된다. 길들여지는 것을 거부하라. 주는 대로 먹고, 하라는 대로 하면 길들여진다. 이런 삶에는 야성이 없다. 현실 안주와 매너리즘이라는 타성만 생겨날 뿐이다.

스스로 찾아서 하라. 제돌이가 제주 바다에서 살아남으려면 스스로 먹이를 잡을 줄 알아야 했다. 사람이 경쟁력을 가지려면 스스로 일을 찾아서 할 줄 알아야 한다. 무엇을 할까? 어떻게 할까? 스스로 일을 찾고 만들어서 하는 것이 야성을 잃지 않으려는 노력이다. 새로운 것을 찾아라. 날마다 반복되는 일이라도 새로운 방법을 찾고 새로운 시도를 하라.

우체국에서 매일 소인을 찍는 사람이 있었다. 매일 반복되는 일을 하는데 지겹지도 않느냐고 그에게 물었다. "아니요, 날마다 날짜가 바뀌잖아요"라고 그가 말했다.

자기가 하는 일에 스스로 가치를 만들어라. 이것이 야성을 잃지 않는 방법이다. 울타리를 벗어나라. 화초는 온실이라는 울타리를 벗어나야 튼튼해지고, 사람은 길들여지고 있는 울타리를 벗어나야 경쟁력이 강해진다. 양육되면 타성이 살아나고, 방목되면 야성이 살아난다.

야성은 베터(Better)정신에서 나온다

'진인사대천명(盡人事待天命)'이라는 말이 있다. '사람이 할 수 있는 일을 다한 후에 하늘의 뜻을 기다린다'는 뜻으로, 최선을 다하라고 할 때 쓰는 말이다. 어릴 때부터 많이 들어왔던 말이다.

'불광불급(不狂不及)'이란 말도 있다. '미치지 않으면 도달하지 못한다'는 뜻으로, 자기 일에 미쳐야 성공할 수 있다는 말이다. 이 두 말에는 공통점이 있다. 바로 노력하고 도전하라는 뜻이다.

나는 개인적으로 '진인사대천명'보다는 '불광불급'이라는 말을 더 좋아한다. 같은 뜻이지만 다른 의미가 담겨 있기 때문이다. '진인사대천명'은 베스트(Best) 정신이다. 단기 전략, 즉 단숨에 얻으려는 노력이다. 100미터 달리기와 마찬가지로, 순발력을 발휘해 있는 힘을 다하라는 것이다. 베스트 정신은 순응 정신으로 주어진 상황에서 최선을 다하라는 뜻이다. 진인사대천명은 사람으로서 최선을 다했는데 하늘의 뜻이 그게 아니라고 하면 그때는 순응하고 포기해야 한다는 말이다.

반면 '불광불급'은 베터(Better) 정신이다. 꾸준히 만들어가는 노력으로 장기 전략이다. 마라톤 경기와 같아서 한 걸음, 한 걸음 꾸준히 달려가는 것이다. 불광불급에는 될 때까지 도전하고 또 도전한다는 뜻이 들어 있다.

야성은 베스트가 아니라 베터 정신에서 나온다. 기적 역시 그렇다. 새로운 것을 찾고 새로움을 창조하는 것은 베터 정신에서 나온다. 어제보다 오늘을, 오늘보다 내일을 더 좋게 만드는 것이 베터 정신이다. 날마다 도전하면서 하나씩 만들어가는 것이다.

현실 안주, 매너리즘에 빠지지 않는 좋은 방법이 바로 베터 정신으로 임하는 것이다. 타성에 젖지 않고 야성을 키우는 방법 역시 베터 정신으로 임하는 것이다.

많은 사람들이 쉽게 내뱉는 말 가운데 하나가 '노력'이다. "성공하려면 노력하라." 문제는 그 노력을 어떻게 하느냐다. 주어진 상황에서 최선을 다하되, 베터 정신으로 임하라. 성공하는 사람은 더 좋은 베터를 만들기 위해 날마다 베스트한다.

내 안의 야성을 키우는 방법

지금의 시대는 밀림보다 냉혹한 야성의 환경이다. 야성으로 무장하여 현실의 벽을 넘어라. 물 한 방울 없는 사막에서도 살아남는 근성이 야성이다.

1. 일상생활 중에서 편한 것을 추구할 때와 힘든 것을 추구할 때가 언제인지 각각 3가지 이상 적어보라.

편한 것을 추구할 때	힘든 것을 추구할 때
1.	1.
2.	2.
3.	3.

2. 편한 것을 추구할 때 자신에게 벌을 줘라.

　　(1) 남이 하는 것을 따라 할 때　　(2) 기존에 하던 대로 할 때

　　(3) 시키는 대로 생각 없이 할 때　　(4) 쉬운 길을 찾으려 할 때

3. 힘든 것을 추구할 때 자신에게 선물을 줘라.

　　(1) 일부러 힘든 길을 선택할 때　　(2) 어제와 다른 행동을 할 때

　　(3) 스스로 일을 만들어서 할 때　　(4) 그동안 가지 않은 길을 갈 때

100미터 육상선수,
결승점에 도착했는데
힘이 남아 있다.

그는 기록 도전에 실패했다.

100세 시대의 인생,
결승점에 도착했는데
아쉬움이 남아 있다.

그는 인생 도전에 실패했다.

하루 1,440분을 경영하라

삶이란 태워 없애는 것이다

어느 식당에 다음과 같은 글귀가 적힌 액자가 걸려 있었다.

우리네 인생은

100살을 살아야 36,500일,

90살을 살면 32,850일,

80살을 살면 29,200일,

70살을 살면 25,550일,

60살을 살면 21,900일입니다.

이 짧은 인생 우왕좌왕하면서 살기에는 시간이 너무 부족합니다.

허송세월하면서 보내기에는 시간이 너무 아깝습니다.

당신의 나이는 지금 몇 살인가? 스물셋! 꽃피는 춘삼월처럼 인생의 꽃이 피는 시기다. 서른다섯! 인생의 무게를 온몸으로 느끼는 때다. 내가 걸어가는 이 길이 과연 옳은 길인가, 앞으로의 인생을 어떻게 살아야 할 것인가에 대한 고민이 많은 시점이다.

마흔다섯! 인생의 갱년기로 접어드는 시기다. 삶이 팍팍해지고 무기력증을 느끼는 사람도 있다. 인생 리모델링을 해야 하고 경쟁력 업그레이드를 게을리하지 말아야 하는 시기다.

'산다'는 말은 원래 '사르다'에서 온 말이라고 한다. 무엇인가를 태워 없앤다는 말이다. 그러므로 '삶을 산다'는 것은 정해진 삶을 조금씩 태워 없애는 일이다. 희망 수명이 100세라면 36,500일에서 하루하루를 태워 없애는 것이 인생이다.

당신의 나이가 마흔다섯이라고 했을 때, 앞으로 살아갈 날은 얼마나 남았을까? 90세를 산다고 가정하면 32,850일인데 지금까지 산 45세, 즉 16,425일을 빼면 당신이 앞으로 살아갈 날은 16,425일 남았다. 아무 생각 없이 살았던 어제 하루는 이미 16,425일 중에서 하루가 빠져나간 것이다. 오늘을 어영부영 보내고 있다면 오늘도 16,425일에서 하루가 빠져나간 셈이다.

벽에 걸려 있는 시계를 보라. 시계 가는 소리가 들린다. 뭐라고 들리는가? '똑딱똑딱'이라고 들리는가? 아니면 '째깍째깍'이라고 들리는가? 내 귀에는 '상실, 상실'이라고 들린다. 오늘 하루는 다시 돌아오지 않는다.

100미터 달리기 운동선수는 100미터를 달린 후 힘이 남아 있으면 안 된다. 100미터 선수는 100미터를 전력 질주해서 달려야 하듯이, 인생 100세 시대를 달리는 우리도 힘을 아껴서는 안 된다. 하루하루를 전력으로 질주해야 하지 않을까?

하루 1,440분을 어떻게 사용하는가?

은행에서 전화가 걸려 왔다. 어떤 사람이 내 통장에 1,440만 원을 입금했다고 한다. 내 마음대로 실컷 쓰되, 좋은 일에 귀하게 써달라는 부탁의 말도 남겼다. 정신없이 지내다 보니 통장에서 그 돈을 인출하는 것을 깜박했다.

다음 날 은행에서 다시 전화가 걸려 왔다. 오늘 또다시 내 통장에 1,440만 원이 입금되었다는 것이다. 그런데 어제 입금되었으나 인출하지 않은 1,440만 원은 사라져버렸다고 했다. 만약 오늘도 인출해서 사용하지 않는다면 오늘 입금된 돈도 없어지고 만다고 한다.

정신이 번쩍 들었다. 얼른 오늘 입금된 1,440만 원을 인출해서 마음껏 썼다. 다음 날도 통장에 1,440만 원이 입금되었다. 그 돈도 인출해서 내가 하고 싶은 대로 마음껏 썼다. 그다음 날도 어김없이 1,440만 원은 입금되었다.

고민이 되기 시작했다. 이걸 어떻게 써야 할까? 좋은 일에 귀하게 써 달라고 했는데…….

하루 24시간, 이것을 분으로 계산하면 1,440분이다. 인생이라는 통장에 매일 1,440분이 입금되는 셈이다. 이는 누구에게나 공평하게 입금된다. 나에게도 당신에게도, 부자인 사람에게도 가난한 사람에게도, 젊은 사람에게도 늙은 사람에게도, 공평하게 입금되는 것이 하루 24시간, 1,440분이다. 이걸 어떻게 쓰고 있는가?

시간은 저장하지 못한다. 쓰고 남은 시간을 저장했다가 필요할 때 꺼내 쓸 수 있다면 얼마나 좋을까? 그러나 시간은 남아 있다고 해서 저장할 수 있는 것이 아니다. 오늘 주어진 시간은 오늘 안에 모두 사용해야 한다. 그렇지 않으면 물거품처럼 사라지고 만다.

또 시간은 적금을 들 수도 없다. 돈을 저축하면 원금에 이자가 붙어서 돌아오지만, 시간은 그렇게 할 수 없다. 오늘 주어진 1,440분은 오늘 안으로 모두 사용해야 한다.

하루 1,440분을 경영하라. 하루 1,440분은 누구에게나 똑같이 주어지지만, 1,440분을 사용해서 얻는 결과는 사람마다 다르다.

오늘이 최고의 날이 되게 하라

정현종 시인의 〈모든 순간이 꽃봉오리인 것을〉이라는 시를 소개한다.

나는 가끔 후회한다

그때 그 일이

노다지였을지도 모르는데

그때 그 사람이

그때 그 물건이

노다지였을지도 모르는데

더 열심히 파고들고

더 열심히 말을 걸고

더 열심히 귀 기울이고

더 열심히 사랑할걸

반벙어리처럼

귀머거리처럼

보내지는 않았는가

우두커니처럼

더 열심히 그 순간을 사랑할 것을
모든 순간이 다아
꽃봉오리인 것을

내 열심에 따라 피어날
꽃봉오리인 것을

오늘을 어떻게 살아야 할 것인가를 다시 한 번 생각하게 하는 시다. 오늘이 꽃봉오리다. 내 열정에 따라 활짝 피어날 꽃봉오리다. 더 열심히 파고들고 더 적극적으로 사랑하면, 나에게 노다지를 가져다주는 것이 바로 오늘이다.

시간의 의미 찾기

1. 당신의 인생은 며칠 남았는가?

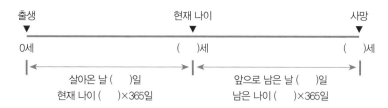

출생　　　　　　　　　　현재 나이　　　　　　　　　　사망
▼　　　　　　　　　　　　▼　　　　　　　　　　　　　▼

0세　　　　　　　　　　( )세　　　　　　　　　　( )세

살아온 날 ( )일　　　　　앞으로 남은 날 ( )일
현재 나이 ( )×365일　　　남은 나이 ( )×365일

2. 당신의 인생은 지금 몇 시인가?

인생 시계 계산법 (1일 24시간 = 1,440분)

평균 수명을 80세로 가정하면

1,440분/80세 = 18분(1년에 18분)

현재 나이 32세×18분 = 576분

576분/60분 = 9.6시간

소수점 이하 계산 (0.6)×6 → 6×6 = 36분

→ 9시 36분

나는 지금 몇 시인가?

(현재 나이)세×18분 = ( )분/60분 = (내 시각 계산)

(소수점 이하)분×6 = ( )분 = (분 단위 계산)

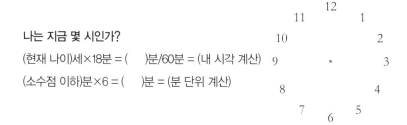

유통기간,
제품에 붙어 있는 사용 가능 기간이다.

유통기간이 지나면 폐기된다.

유통기간,
사람에 붙어 있는 사용 가능 기간이다.

유통기간이 지나면 구조조정된다.

하루를 4스테이지로 바꿔라

당신의 유통기간은 언제까지인가?

어느 대학에 마케팅으로 유명한 교수가 있었다. 그 교수의 강의를 듣기 위해서 많은 학생들이 몰렸다. 그 교수의 강의에는 한 가지 특징이 있었는데, 매년 강의 내용이 똑같다는 점이다. 10년 전이나 지금이나 강의 내용이 똑같다. 중간고사에도 매번 똑같은 문제를 출제한다. '마케팅이란 무엇인가?' 10년 전에도 이 문제였고, 작년에도 이 문제였다. 그래서 학생들이 교수를 찾아가 시험 문제를 바꿔달라고 부탁했다. 그러겠노라고 교수가 약속했다. 다음 해 중간고사 문제가 이렇게 바뀌어 출제되었다. '도대체 마케팅이란 무엇인가?'

지식에도 유효기간이 있다. 식품에만 유효기간이 있는 것이 아니다. 한번 배운 지식이 영원히 가는 시대는 지나간 지 오래다. 변화의 속도가 엄청나게 빠르기 때문이다. 변화의 속도가 빠를수록 기존 지식의 수명은 빠르게 줄어들어 죽은 지식이 된다.

지식의 유효기간은 얼마나 될까? 요즘은 2년이라고 한다. 2년 전의 지식으로 살고 있다면 수명이 다한 죽은 지식을 붙들고 있는 셈이다. 이런 지식은 오히려 독이 된다. 과거의 지식과 성공 경험이 걸림돌이 되기 때문이다. 유효기간이 지난 지식을 폐기하고 새로운 지식으로 재무장하라.

R&D는 'Research and Development'의 약자로, 우리말로 '연구 개발'이란 뜻이다. 기업이 R&D를 게을리하면 내일을 보장받지 못한다. 경쟁자에게 언제 잡아먹힐지 모르기 때문이다. 그래서 기업은 이익의 30%를 R&D에 투자한다. R&D는 오늘보다는 내일을 보는 전략이다.

여기에서 나는 인생의 R&D를 'Roadmap and Development'로 바꾸어 설명한다. 이는 '로드맵 개발'이라는 뜻으로, 어제보다 오늘을, 오늘보다 내일을 더 좋은 방향으로 발전시켜야 한다는 말이다. 누구든 R&D를 게을리하면 내일이 보장되지 않는다. 언제 경쟁자에게 자리를 빼앗길지 모른다.

용돈의 30%를 R&D에 투자하라. R&D는 오늘보다는 내일을 보는 전략이기 때문이다. 세상은 빠르게 변하고, 기술은 엄청난 속도로 진화하고 있다. 지식의 유효기간은 날이 갈수록 짧아지고 있는데, 나만 변화하지 않는다면 언제 도태될지 모른다.

"당신의 이력서가 지난해와 같다면 당신의 인생은 실패한 것이다."
경영학의 대가 톰 피터스의 말이다. 나를 변신시키는 프로그램을 운영
해야 한다. 기업은 R&D에 소홀하면 내일이 없고, 개인은 R&D에 소홀
하면 내일이 보장되지 않는다. 당신의 유통기간은 언제까지인가? 유통
기간을 늘리는 데 집중하라.

하루를 4스테이지로 바꾸는 방법?

평범한 삶을 사는 사람과 특별한 전문가의 삶을 사는 사람을 보면 가
장 대표적인 차이가 시간 활용이다. 평범한 사람은 하루를 두 단계로 산
다. 나는 이것을 '2스테이지'라고 하는데, 오전 업무 시간, 오후 업무 시
간으로 나눈다.

그러나 특별한 전문가의 삶을 사는 사람은 하루를 네 단계로 산다.
즉, '4스테이지'다. 하루 일과를 시작하기 전 자기계발 시간, 오전 업무
시간, 오후 업무 시간, 그리고 퇴근 후 저녁 자기계발 시간으로 나눈다.
이를 시간대별로 살펴보자. 보통 사람의 2스테이지는 9~12시 오전 업
무, 13~18시 오후 업무다. 그러나 특별한 전문가의 삶을 사는 사람은 여
기에 두 개의 스테이지가 더 있다. 6~9시, 즉 하루 일과를 시작하기 전
에 자기계발 시간이 있다. 여기에 18~21시, 즉 하루 일과를 마친 후 자

기계발 시간이 더해진다.

　자기만의 시간을 가져라. 자기를 업그레이드하는 시간을 만들어야 한다. 죽은 지식을 폐기하고 그 자리에 새로운 지식을 업그레이드할 수 있는 시간을 만들어야 한다.

　무엇보다 아침 시간을 활용하라. 자기를 계발할 수 있는 가장 좋은 시간이고, 하루 중 에너지가 가장 충만한 시간이다. 이때는 다른 사람의 간섭이나 방해 없이, 자기만의 세계에 몰입할 수 있다. 1시간만 일찍 일어나라. 그러면 2시간의 여유가 생긴다. 아침의 1시간은 오후의 4~5시간과 맞먹는 귀중한 시간이다. 성공한 CEO들을 보면 대부분 아침 시간을 활용한다. 늦잠을 잔다거나 아침 시간을 허투루 보내는 사람이 없다.

　아침 시간에는 관심 있는 분야의 책을 집중적으로 탐독하라. 또 출근할 때도 책을 손에 쥐고 출근하라.

　또한 저녁 시간을 활용하라. 자신을 갈고닦을 수 있는 귀중한 시간이고, 부족한 부분 또는 자기 경쟁력을 높일 수 있는 시간이다. 세미나에 참석하는 것도 좋고, 인터넷 강의를 수강하는 것도 좋다. 인맥 관리를 위해 폭넓은 교류 활동을 하는 것도 좋다.

　'일일부독서 구중생형극(一日不讀書 口中生荊棘)'은 안중근 의사가 한 말이다. '하루라도 책을 읽지 않으면 입안에 가시가 돋는다'라는 뜻이다. 나는 이 말을 이렇게 바꾸고 싶다. 하루라도 자기계발을 게을리하면 인생에 가시가 돋는다. 오늘부터 4스테이지로 바꿔보자!

비포스쿨과 애프터스쿨을 활용하라

내 전공은 감성 마케팅이다. 내가 감성 마케팅에 관심을 갖게 되고 이 분야를 집중적으로 공부해야겠다고 덤벼든 것은 정말 우연이었다. 그 기회는 어느 날 갑자기 찾아왔다.

내가 30대 초반이었을 때다. 회사 퇴근 후 저녁 시간에 자기계발을 위해 공부하고 있었는데, 그 당시 광고 카피에 관심이 많았기에 카피라이터 과정을 배우고 있었다.

그러던 어느 날, 강사로부터 '감성 마케팅'이라는 용어를 처음 들었다. 그때까지만 해도 감성 마케팅이라는 용어가 생소했을 때였다. 그 한마디가 벼락같이 꽂혔다. 번개를 맞은 것처럼 한동안 멍하니 앉아 있었다. 그날 이후로 '감성'이라는 글자가 들어 있는 자료들을 수집하기 시작했다. 감성이라는 글자가 들어간 책은 무조건 구입해서 공부하기 시작했다. 그리고 시간이 지나 감성의 시대가 되면서 내 인생에 꽃으로 피었다. "어느 날 자고 일어났더니 스타가 되어 있었어요"라고 말한 어느 배우의 말처럼, 어느 날 자고 일어났더니 감성의 시대가 열려 있었다. 기회는 우연찮게 찾아온다고 했던가? 저녁 퇴근 후 참석했던 자기계발 교육이 내 삶의 영향을 바꾸어놓은 것이다.

하루를 4스테이지로 살기 위해 비포스쿨과 애프터스쿨을 활용하라. 비포스쿨은 회사에 출근하기 전에 참석하는 조찬 세미나를 말한다. 조찬 세미나에 참석할 기회가 된다면 무조건 참석하라. 초청장이 없으면 부탁을 해서라도 찾아가라. 유명 인사의 유익한 노하우를 전수받을 수 있는 시간이다.

애프터스쿨은 퇴근하고 나서 참석하는 저녁 세미나다. 내가 졸업한 대학에는 애프터스쿨이라는 게 있다. 매월 마지막 주 수요일 저녁에 졸업한 동문들을 위해 학교에서 마련한 특강이다. 유명 교수, 유명 인사가 유익한 강의를 하는데, 그 자리에 참석할 때마다 무언가 하나씩을 얻어오게 된다. 아이디어를 얻거나, 마음을 새롭게 다지기도 한다.

애프터스쿨을 적극적으로 찾아 나서라. 찾는 자에게만 기회가 주어진다. 한 달에 한두 차례의 과정만 참석해도 괜찮다. 한 번에 많은 것을 얻으려 하지 말고, 하나만 얻는다는 마음가짐으로 참석하라. 하나만 느끼고 와도, 투자한 시간이 아깝지 않을 것이다.

나의 유통기간을 길게 만들어야 한다. 비포스쿨과 애프터스쿨은 이 유통기간을 관리하는 전략이다.

경쟁력 강화를 위한 자기계발 프로그램

1년 동안 나의 경쟁력을 업그레이드하기 위해서 참여할 교육 프로그램을 정리해보자. 그리고 월별로 활동 결과를 체크해보자.

월	프로그램	주요 내용	교육 기간	실행 기간
1월				
2월				
3월				
4월				
5월				
6월				
7월				
8월				
9월				
10월				
11월				
12월				

49%와 51%의 차이는?

50%에서 1%가 적은 것이 49%다.

평범한 사람은 49%로 산다.

49%와 51%의 차이는?

50%에서 1%가 많은 것이 51%다.

특별한 사람은 51%로 산다.

1% 전략, 하나 더가 기적을 만든다

인생 역전 꿈꾸다 인생 여전하시죠?

"인생 역전 꿈꾸다 인생 여전하시죠?" 어느 광고 카피다. 한 방에 인생 역전하겠다고 로또에만 매달리는 사람들을 두고 하는 말이다. 행동도 없이 인생 역전을 꿈꾸는 사람에게는 로또가 최상의 방법이다. 그보다 더 좋은 방법은 없다. 그러나 기억하라. 행동이 없으면 인생 역전도 없다.

벤처 CEO가 된 한 여성이 있는데, 몇 년 전까지만 해도 평범한 주부였다. 그런 그녀가 지금은 대형 백화점 31곳에 지점을 갖춘 고급 헤어웨어 전문업체의 대표가 되었다. 얼마 전 발명의 날에는 대통령상까지 수상했다.

그녀가 사업을 시작한 이유는 지극히 사소했다. 여대생 시절, 아주머니들의 천편일률적인 머리 스타일을 볼 때마다 "난 늙더라도 잘 꾸미고 다닐 거야"라고 다짐하곤 했다. 그러나 결혼과 출산 이후 우연히 보게 된 거울 속 자신의 모습은 여느 아주머니와 다르지 않았다. 그것이 계기가 되어 직접 재료를 구입해 가발을 만들어 사용했는데, 그걸 본 주변 사람들이 주문하기 시작했다.

"제 별명이 무엇인지 아세요? M&H예요." M&H가 뭐냐고 물었더니, '맨땅에 헤딩'이라고 했다. 사업 초기에는 돈, 경험, 관련 지식 등 부족한 것투성이였다. 자금이 없어서 영업부터 시작해야 했다. 홍보, 상품 제작 등 협력 업체에 맡겨야 할 일까지 스스로 도맡아 했다.

"문제에 직면했을 때 그 문제를 가장 빨리 통과하는 방법은 그것에 헤딩하는 거예요. 정면 돌파죠. 문제를 디딤돌 삼아 밟고 넘어가야 다음 단계로 갈 수 있어요." 그녀가 힘주어 강조한 말이다. 그녀의 성공 비결은 한마디로 '맨땅에 헤딩'이었다.

내 인생의 기적은 3가지 정신으로 사는 사람에게만 일어난다.

첫째가 '맨딩' 정신, 즉 맨땅에 헤딩하는 정신이다. 혼자의 힘으로 일어서겠다는 강한 개척 정신이다. 둘째는 '죽까' 정신, 즉 죽기 아니면 까무러치기로 사는 것이다. 뚫어지게 바라보면 뚫린다고 했다. 죽기 아니면 까무러치기로 덤벼들면 반드시 얻게 된다.

마지막은 '불도그' 정신이다. 끝까지 물고 늘어지면 안 되는 게 없다.

여기서 오래된 아재 퀴즈. 전깃줄에 참새 다섯 마리가 앉아 있다. 그중 네 마리가 날아가기로 마음먹었다. 그러면 남은 참새는 몇 마리일까? 한 마리? 틀렸다. 남아 있는 참새는 다섯 마리다. 마음먹은 것과 행동하는 것은 다르기 때문이다. 마음만 먹고 행동이 없었기에 여전히 다섯 마리 참새가 전깃줄에 남아 있었던 것이다.

기억하라! 결과는 행동이 뒷받침되어야 일어난다.

3독 하라, 3망이 사라진다

인생의 기적을 만든 사람에게는 공통적으로 3독(毒)이라는 것이 있다. 중독, 지독, 고독이 바로 그것이다.

첫 번째는 중독이다. 중독되면 집중하게 되어, 시간 가는 줄 모르고 빠져든다. 그래서 일에 몰입하게 된다.

"몇 년 전까지만 해도 내가 몇 시에 자는지, 몇 시간이나 자는지 잘 몰랐습니다. 신경영을 고민할 때는 초밥 몇 개만 먹으면서 이틀 밤을 꼬박 새운 적도 있고, 그러다 지치면 하루 종일 잠만 잔 적도 있습니다." S그룹의 회장이 한 말이다. 일에 몰입하다 보니 시간이 어떻게 가는지도 몰랐다는 말이다.

사업에 성공한 CEO들을 만나보면 한결같이 이렇게 말한다. "밤낮 없이 일만 생각했고, 잠자는 서너 시간을 제외하면 하루 종일 어떻게 해야 할지 궁리했습니다." 모든 생각과 행동을 한곳에 집중하여, 성공이라는 결과를 얻게 된 것이다.

두 번째는 지독(至毒)이다. 지독은 쉽게 포기하지 않는 것이다. 편한 것, 쉬운 것과 타협하지 않는 자세다.

초등학생 두 명이 치고받고 싸웠다. 힘이 약한 아이가 힘이 센 아이에게 맞아 코피가 나고 말았다. 다음 날 어제 싸움에서 진 아이가 힘센 아이를 찾아가 다시 싸움을 청했다. 또 터졌다. 다음 날 또다시 싸움을 청했다. 그러자 힘센 녀석이 도망을 가면서 하는 말, "너, 정말 지독한 놈이다!"

지독은 끝까지, 될 때까지 물고 늘어지는 것이다.

세 번째는 고독(高獨)이다. '고독' 하면 외로운 것부터 떠올린다. 그러나 고독은 외로운 것이 아니요, 괴로운 고독(苦毒)도 아니다. 높은 경지에 홀로 우뚝 서는 것이다. 높은 경지에 혼자 서게 될 때, 사람들은 흔히 "고놈 참, 독한 놈이다"라고 말한다.

3독을 하면 실망, 원망, 절망이라는 3가지가 도망간다. 자기 일에 중독되어 모든 역량을 쏟아 부으면 편한 것, 쉬운 것과 타협하지 않게 된다. 또 끝까지 물고 늘어지면 실망, 원망, 절망이 없어진다. 대신 3가지가 꽃을 피운다. 희망, 소망, 명망이다.

'하나 더'가 기적을 만든다

초등학교에 다니는 딸을 둔 엄마가 이런 이야기를 들려주었다.
어느 날 학교 갔다 온 딸이 이렇게 말했다.

딸 : 난 초등학생인 것이 49%는 좋고, 51%는 안 좋아.

엄마 : 그래? 싫은 쪽이 더 많은 이유는 뭐야?

딸 : 초등학생이라는 것이 감옥 같아서…….

이 말에 엄마는 아무 말도 하지 못했다. 딸의 말을 곱씹을수록 많은 생각을 하게 했다.

내가 쓴 책 중에 《하루 1분》이라는 책이 있다. 그 책에서 49%와 51%의 차이점을 설명했다. 49%와 51%의 차이점은? 2% 차이? 아니다. 49%와 51%의 차이는 1%다. 중간인 50%에서 1%가 부족한 것이 49%이고, 1%가 많은 것이 51%다.

보통 사람과 성공한 사람의 차이점은? 노력의 차이? 실력의 차이? 아니다. 1%의 차이다. 남들이 하는 것에 1%를 덜하는 사람이 보통 사람이고, 남들이 하는 것에 1%를 더하는 사람이 성공한 사람이다.

'총각네 야채가게'로 유명한 이영석 사장은 "1%를 잡아야 한다"고 강조한다. 그의 말을 일부 소개한다.

"내가 좋아하는 말 중에 49%와 51%라는 말이 있는데, 그 차이가 뭔지 알아?"

"그야 50%를 기준으로 했을 때 1%의 많고 적음이죠."

"그래, 바로 그거야. 그 1%의 마음을 잡으란 말이야. 여기서 오랫동안 일한 사람이라고 해서 너 같은 어려움이 없었겠어? 다들 그만두고 싶은 49%의 마음과 일을 하고 싶은 51%의 마음이 교차해. 그렇지만 그 1%가 스스로를 잡아주는 힘이 되는 거야."

어린이 놀이터의 시소를 생각해보라. 양쪽에 벽돌을 50개씩 똑같이 올려놓으면, 시소는 어느 쪽으로도 기울지 않고 평행을 이룬다. 힘의 균형이 맞춰졌기 때문이다. 이 상태에서 한쪽의 벽돌을 하나만 빼보라. 어떻게 되는가? 곧바로 한쪽으로 기운다. 한쪽은 하늘로 올라가고, 다른 한쪽은 바닥으로 내려앉는다. 시소의 벽돌 하나가 1%다.

인생에서의 1%가 간절함과 치열함이다. 간절함과 치열함으로 남들이 하는 것에서 하나만 더 해보자. 지금까지 해오던 것에서 하나만 더 해보자. 어제 했던 것에서 하나만 더 해보자. 이것이 성공자의 1% 전략이자, 성공자의 '하나 더' 전략이다.

자기 관리 1일 체크 리스트

하루 일과는 Plan(계획) → Do(실천) → See(점검)의 과정을 거친다.
매일 Plan-Do-See로 자신을 경영하라.

Plan
(계획)

1. 오늘 할 일을 List-up했는가?
2. 급한 일과 중요한 일을 구분했는가?
3. 일의 우선순위를 정했는가?
4. 나의 절대 가치를 만드는 일에 초점을 맞추었는가?
5. 개인 브랜드 파워를 만드는 일을 찾았는가?

Do
(실천)

1. 에너지, 시간 등을 집중적으로 투입해서 하고 있는가?
2. 하고 있는 일에 특별한 의미를 부여하는 가치를 만들었는가?
3. 하고 있는 일을 게임처럼 즐기고 있는가?
4. 어떠한 경우에도 흔들리지 않을 강한 추진력을 가졌는가?
5. 일을 수행함에 있어서 창조적으로 해나가는가?

See
(점검)

1. 관습적으로 일을 수행하지는 않았는가?
2. 오늘 찾은 새로운 아이디어는 무엇인가?
3. 오늘 일과 중 잘했다고 생각하는 것은 무엇인가?
4. 오늘 일과 중 부족했다고 생각하는 것은 무엇인가?
5. 내일 할 일을 미리 적어놓았는가?

기적의 핵심은 콘텐츠에 있다

나만의 필살기가 있는가?
필살기가 있으면 그 어느 것도 무섭지 않다

컨테이너,
저장하는 도구다.

옛날에는 컨테이너가 경쟁력이었다.

콘텐츠,
창조적인 내용물이다.

지금은 콘텐츠가 경쟁력이다.

나만의 콘텐츠를 만들어라

소프트웨어가 강한 사람을 찾는 시대다

한때 하드웨어를 강하게 요구하던 시대가 있었다. 하드웨어란 딱딱한 물건, 즉 물건이나 지식을 저장하는 기계나 그릇 등을 뜻한다. 그러나 스마트 시대를 지나 융합의 시대가 되면서 소프트웨어가 중요시되는 시대가 되었다. 지금은 하드웨어보다 소프트웨어가 강해야 살아남는 시대가 되었다는 말이다.

컴퓨터업계에서 '공룡'이라 불린 기업이 있었다. 바로 IBM이다. IBM은 컴퓨터를 생산하는 기업인데, 개인용 저가 컴퓨터를 생산하여 PC 시장의 선도자가 되었다. 명실상부한 세계 최고, 최대의 컴퓨터 회사였다. 그러나 지금은 세계 최고, 최대의 공룡기업이 아니다. 소프트웨어 기업에 자리를 빼앗기고 말았다. '아~ 옛날이여'라는 노래 가사처럼 과거에 파묻히고 말았다. 한때 지구상에서 최강자였던 공룡이 사라지고 지금은 교과서에나 볼 수 있듯이, 하드웨어의 대표적인 공룡기업이었던 IBM

또한 이제는 교과서에서나 볼 수 있는 기업으로 전락하고 말았다.

반면에 월트디즈니, 구글, 페이스북, 아마존 등을 보라. 대표적인 소프트웨어 기업이다. 하드웨어의 제조업을 밀어내고 지금의 세상을 호령하고 있다. 아날로그 시대가 지식이나 물건을 담아두는 저장 용기를 생산하는 하드웨어 시대였다면, 지금은 상상력을 담은 소프트웨어가 더 큰 경쟁력을 만드는 시대다.

환경에 맞게 변화하는 기업만이 살아남을 수 있다. 마찬가지로 시대의 변화에 맞추어 변신하는 사람만이 살아남을 수 있다는 것을 잊지 말아야 한다.

하드웨어보다는 소프트웨어 강화에 주력해야 한다. 하드웨어는 껍데기요, 소프트웨어는 알맹이다. 하드웨어는 밖으로 보이는 형체, 즉 물건을 저장하거나 보관하는 그릇이다.

예전에는 물건이나 지식을 저장하는 그릇의 용량을 크게 만드는 일에 주력했다. 스펙을 쌓는 일이 그 대표적인 예다. 저장하는 그릇을 크게 만들고 예쁘게 포장하는 일이 스펙을 강화하는 일이었다.

그러나 지금은 하드웨어보다 소프트웨어를 중요시하는 시대로 바뀌었다. 하드웨어인 스펙을 눈여겨보기보다는 소프트웨어인 창의성을 중요하게 평가한다. 껍데기를 포장하기보다는 그 사람의 머리와 가슴속에 들어 있는 알맹이를 더 중요하게 평가하는 것이다.

이제는 머릿속과 가슴속에 있는 것들을 활용해서 창조적인 것을 만들어내는 일에 주력해야 한다. 껍데기는 버리고 알맹이를 강화하는 일에 주력해야 한다. 경쟁력은 하드웨어에서 나오는 것이 아니라 소프트웨어에서 나온다.

자신에게 물어보라. 나는 하드웨어가 강한 사람인가, 아니면 소프트웨어가 강한 사람인가?

컨테이너가 아니라 콘텐츠를 키워라

현재 우리가 살고 있는 세상을 가만히 들여다보라. 힘든 일은 무엇이 하고 있는가? 기계가 하고 있다. 과거에는 궂은 일, 힘든 일을 사람들이 했다. 그러나 지금은 기계가 도맡아 한다. 아니, 이제는 로봇이 하는 시대라고 해야 할 것 같다.

지하철에서는 안내 방송을 대부분 기계가 한다. "다음 정류장은 약수, 약수역입니다. 내리실 문은 왼쪽입니다." 이어서 영어와 일본어, 중국어로 내릴 역을 안내하는 합성 기계음이 흘러나온다. 이런 기계음에 익숙해져서 그런지, 대부분의 사람들은 무덤덤하게 받아들이면서 살아간다.

퇴근 시간에 지하철 3호선을 탔더니, 모두들 스마트폰에 고개를 묻고 있었다. 열차가 한강을 지날 때쯤이었다. 열차 안 스피커에서 기관사의 육성으로 이런 안내 방송이 흘러나왔다. "한강을 지날 때만큼은 스마트폰을 잠시 내려두고 창밖을 내다보는 게 어떨까요? 오래된 친구를 볼 수도 있고, 이상형을 만날 수도 있습니다. 삶은 우연에서 시작되는 것 아닐까요?"

이 안내 방송에 열차 안 사람들이 일제히 스마트폰에서 창밖으로 시선을 돌리는 영화 같은 장면이 펼쳐졌다. 짧지만 정감 어린 육성으로 흘러나오는 방송을 듣고 피곤함에 지쳐 있던 사람들이 조금이나마 마음에 위로를 받은 모습이었다.

'행복방송지기'라는 모임이 있다. 지하철을 운행하는 기관사들이 안내방송 멘트를 연구하고 공유하는 모임이다. 합성 기계음을 내보내는 대신, 개성 있고 톡톡 튀는 마음을 담은 안내 방송을 승객에게 들려주겠다는 생각을 가진 사람들이 모인 것이다.

지금은 모든 것을 기계와 컴퓨터로 처리한다. 지하철에서 내보내는 합성 기계음은 기계와 컴퓨터로 작동하는 것이다. 이것이 컨테이너다. 하지만 컨테이너에는 경쟁력이 없다. 시스템적으로 잘 갖추어진 합성 기계음에는 감동이 없다는 것이 그 증거다.

재치 있고 톡톡 튀는 사람 냄새 나는 안내 방송 멘트가 콘텐츠다. 경쟁력은 여기서 나온다. 겉으로 드러나는 컨테이너가 아니라 그것을 운영하는 콘텐츠에서 경쟁력이 나온다는 말이다. 그렇기에 아무리 컨테이너가 크고 웅장해도 그것을 작동시키는 사람의 소프트웨어가 시원치 않으면 결과는 엉망이 되고 만다.

그러니 컨테이너를 키우는 일보다는 콘텐츠를 강화하는 일에 주력해야 한다. 당신은 어떤 콘텐츠를 가지고 있는가? 컨테이너는 크고 웅장한데 그것을 작동시키는 소프트웨어, 즉 콘텐츠가 없는 것은 아닌가? 지금은 콘텐츠가 없으면 살아남지 못하는 세상이다.

나만의 콘텐츠가 있는가?

지금의 핵심 키워드는 '생존'과 '차별화'다. 기업이든 개인이든 급변하는 환경에서 어떻게든 살아남아야 한다는 것이 첫 번째 과제이고, 살아남기 위해서는 차별화해야 한다는 것이 그 해결책이다. 한마디로 살아남기 위해서는 '어떻게 차별화할 것인가'가 중요하다. 어떻게 나를 차별화할 것인가? 그 방법이 나만의 콘텐츠를 만드는 일이다. 그러기 위해서는 먼저 나만의 콘셉트를 만들어야 한다.

한 은행의 신입사원 면접장에서 있었던 일이다. 면접을 보러 들어온 면접생이 예쁘게 포장한 것을 손에 들고 있었다.

면접관 : 그것이 무엇입니까?

면접생 : 네, 지리산 정상 천왕봉에서 찍은 사진입니다.

포장지를 풀어 보여준 것은 지리산 천왕봉에서 찍은 사진이 담긴 액자였다. 그 사진에는 면접생이 '○○은행 입사 기념 지리산 등반'이라는 문구가 적힌 종이를 들고 있었다.

면접관 : 그 사진은 누가 찍었습니까?

면접생 : 제 여자 친구가 찍었습니다.

여자 친구와 함께 미리 은행 입사 기념으로 지리산 등반을 했고, 천왕봉에서 여자 친구가 사진을 찍어주었다는 설명을 곁들였다. 그는 당당하게 합격했다. 면접관은 스펙을 본 것이 아니라 스토리를 만드는 그의 창의성을 본 것이다. 즉, 스펙이라는 컨테이너가 아니라 창의성이라는 콘텐츠를 본 것이다.

나만의 콘텐츠 만들기

나만의 콘텐츠가 있는가? 나만의 콘텐츠가 핵심 경쟁력이다.

이것이 있으면 살고, 없으면 죽는다.

1. 먼저 콘셉트를 만들어라. 이것이 바로 '나를 소개하는 한마디'다.

| 콘셉트
'나를 소개하는 한마디' | 나는 누구인가?
내가 가고자 하는 방향은 무엇인가? |

2. 콘셉트에 맞춘 주특기를 만들어라.

| 나만의 주특기 | 나만이 할 수 있는 일은 무엇인가?
내가 하는 일의 핵심은 무엇인가? |

3. 나만의 스토리를 만들어라.

| 스토리 | 어떤 과정을 거쳐 어떻게 해왔는가? |

'욕쟁이 할머니'

할머니를 소개하는 한마디다

더 이상의 설명이 필요 없다.

'욕쟁이 할머니'

이 한마디면 다 통한다.

이와 같은 한마디를 만들어라.

나를 소개하는 한마디를 만들어라

왜 사느냐고 물으면?

강의를 하면서 가끔 참석자에게 묻는다. "우리끼리니까 툭 터놓고 얘기해봅시다. 출근하는 이유가 뭡니까? 아니, 매일 땀 흘리면서 열심히 활동하고 있는데, 그 궁극적인 목적이 뭡니까?"

이렇게 질문하면 가장 많이 나오는 대답이 '먹고살기 위해서'라는 것이다. 솔직한 대답이다. 먹고살기 위해서 출근하고, 아니꼬운 일도 참아가면서 일하는 것이다.

하지만 가만히 생각해보면 꼭 먹고사는 것만이 전부는 아닌 것 같다. 우리가 일하는 목적을 4가지로 정리해보았다. 첫째는 생계를 위해서, 둘째는 사랑받기 위해서, 셋째는 성장하기 위해서, 넷째는 가치 있는 일을 하기 위해서다.

생계를 위해서 일하는 사람은 돈을 우선으로 한다. '얼마나 돈을 많이 버느냐'가 최고의 관심 사항이다. 대부분의 사람이 생계를 위해서 일을 한다. 나라고 예외일 수는 없다. 그런데 일하는 목적이 돈이 최우선이 되면 잃는 게 너무 많다. 돈이 가장 우선이면 사랑도, 배움도, 가치도 눈에 들어오지 않는다. 삶의 최우선 가치가 돈이기 때문이다. 돈이 나머지 3가지 자리를 차지하기 때문이다.

"나는 '부자로 살았다'는 말보다 '가치 있게 살았다'는 말을 듣고 싶다." 벤저민 프랭클린이 한 말이다. 이처럼 돈을 위해 사는 것도 좋지만, 가치 있는 삶을 살다가 죽는 일은 더욱더 중요하다. 바람같이 나타나 이슬처럼 사라지는 인생을 살 수는 없지 않은가?

체코의 프라하에는 세계적으로 유명한 천문 시계가 있다. 체코를 관광하는 사람이라면 반드시 들르는 필수 코스다. 시계 좌·우측에는 모두 네 개의 인형이 서 있다. 시계 우측에는 죽음을 상징하는 해골 인형, 쾌락을 상징하는 머리에 터번을 쓴 터키인 인형이 서 있고, 시계 좌측에는 허영을 상징하는 거울을 보는 인형, 탐욕을 상징하는 금 주머니를 들고 있는 유태인 인형이 나란히 서 있다.

정시마다 죽음을 상징하는 해골 인형이 시계의 줄을 당겨 종을 친다. 그러면 그 옆에 서 있는 쾌락을 상징하는 인형이 기타로 음악을 연주한다. 동시에 왼쪽에 있는 허영을 상징하는 인형과 탐욕을 상징하는 인형이 함께 움직인다.

왜 이 시계가 그토록 유명한 것일까? 매 시간 종을 칠 때마다 '때가 되면 쾌락도, 부귀도, 아름다움도 아무 소용이 없으니 시간을 보람 있게 써야 한다'는 메시지를 담고 있기 때문일 것이다.

정체성이 먼저, 스펙은 그다음이다

주민등록증, 운전면허증, 사원증, 학생증……. 이것들의 공통점은? 신분증명서다. '당신이 누구인가?'라는 물음에 대해 자신을 증명할 수 있는 것이다.

은행에서 통장을 새로 만들려고 했더니, 내가 누구인지부터 증명하라고 한다. 그래서 주민등록증을 보여줬더니, 그제야 통장이 발급되었다. 회사에 출근했더니 입구에서 나부터 증명하라고 요구한다. 그래서 출입구에 있는 기계에 사원증을 댔다. 그제야 문이 열린다. 세상의 문을 열기 위해서는 자기 정체성부터 확인시켜줘야 한다.

컴퓨터 앞에 앉았다. 인터넷 커뮤니티에 들어가려 했더니 가장 먼저 요구하는 것이 아이디와 비밀번호다. 나에 대한 정체성부터 확인하는 것이다. 비밀번호를 잃어버렸더니, 내 정체성에 대한 확인 작업부터 들어갔다.

비밀번호 발급 질문에 대한 대답을 요구했다. 중학교 때 담임선생님의 별명은? 내가 가장 소중히 여기는 물건은? 이런 질문에 대한 대답이 생각나지 않아 당혹스러웠다. 컴퓨터에 대고 "나라니까, 나란 말이야" 하고 소리를 지른들 컴퓨터는 반응이 없다. 컴퓨터에서 인터넷 커뮤니티를 이용하려면 자기의 정체성부터 확인해줘야 한다.

대학생을 대상으로 한 강의에서 이런 질문으로 강의를 시작했다. "스타일이 먼저일까요, 스펙이 먼저일까요?" 자신의 정체성을 위해서 스타일을 먼저 세워야 하느냐, 스펙을 먼저 쌓아야 하느냐는 질문이다. 그러면서 정체성의 중요성에 대해 다음과 같이 이야기했다. 나의 경쟁력을 높이려면 스타일이 먼저요, 스펙은 그다음이다.

스타일은 그 사람의 정체성이다. 그 사람만이 가지고 있는 독특한 특성을 스타일이라고 한다. 어떤 사람을 지칭하면 딱 떠오르는 이미지가 그 사람의 스타일이다. 이를테면 그 사람만이 가지고 있는 고유한 색깔이다. '나다움' 또는 '나만의 무엇'을 보여주는 것이 스타일이다.

또 스타일은 그 사람이 추구하는 삶의 가치다. 어떤 인생을 살고 있는가를 보여주는 가치가 바로 스타일이다.

스타일은 집의 주춧돌과 같다. 집을 지으려면 주춧돌을 놓고 그 위에 기둥을 세워야 한다. 인생에서 주춧돌을 세우는 것이 스타일이라면, 그 위에 기둥을 세우는 것이 스펙이다. 스펙은 각종 자격증을 갖추거나 전문 지식을 쌓는 것을 말한다. 먼저 자기의 정체성을 확립하고 그 정체성에 맞게 스펙을 쌓아가야 한다. 이것이 일의 순서이고, 경쟁력을 만들어가는 순서다.

자신의 정체성부터 확립하라. 자기만의 스타일을 확인하라. 그리고 그 스타일에 맞는 스펙을 하나씩 만들어가야 한다.

나를 소개하는 한마디가 있는가?

서울특별시, 경기도 등과 같이 지역을 구분하는 경계선이 있다. 대부분 강이나 하천을 경계로 지역이 구분되는 경우가 많다. 내가 살고 있는 곳도 그렇다.

다리 하나를 사이에 두고 서울과 경기도 고양시로 나뉜다. 다리를 건널 때마다 자동차에 설치한 내비게이션에서 안내 멘트가 나온다. 서울에서 고양시로 넘어가면 "꽃보다 아름다운 사람들의 도시, 고양시입니다"라는 안내 멘트가 나온다. 고양시는 매년 꽃 박람회를 연다. 그래서 고양시를 안내하는 멘트 역시 꽃과 관련되어 있다.

반대로 고양시에서 서울로 넘어오면 "세계 일류 도시, 서울시입니다"라고 한다. 서울이 진짜 세계 일류 도시인지는 모르겠지만, 이 멘트를 들을 때마다 세계 일류 도시로 도약하기 위해 노력하고 있다는 말로 들린다.

한마디로 고양시는 '꽃보다 아름다운 사람들의 도시'이고, 서울시는

'세계 일류 도시'라고 표현하고 있다.

'사람은 책을 만들고 책은 사람을 만든다.' 교보문고 입구에 새겨진 문구다. 이 한 줄만큼 교보문고를 잘 설명하는 말은 없는 것 같다. 간단하면서도 핵심을 보여주는 문구다.

> 내가 그의 이름을 불러주기 전에는
>
> 그는 다만
>
> 하나의 몸짓에 지나지 않았다.
>
> 내가 그의 이름을 불러주었을 때
>
> 그는 나에게로 와서
>
> 꽃이 되었다.

김춘수의 〈꽃〉이라는 시의 일부분이다. 이름 없던 꽃도 이름을 불러주어야 의미를 갖게 되듯이, 나를 표현하는 한마디를 만들어야 한다. 내가 어떤 사람이고 어떻게 살고 있는가를 표현하는 핵심적인 콘셉트를 한마디로 표현하는 것이다. 이 한마디만 있으면 장황하게 나를 설명할 필요가 없다. 나를 소개하는 한마디를 만들어라. 나를 소개하는 한마디에 나의 정체성이 살아 숨쉬고, 나의 경쟁력이 살아난다.

나를 소개하는 한마디 만들기

나를 한마디로 표현하는 말을 만들어라. 장황하게 설명하지 않더라도 누구나 고개를 끄덕일 만한, 죽이는 한마디를 만들어야 한다.

1. 종이 한 장을 꺼내서 그 위에 명함을 올려놓고 뚫어지게 쳐다보라. 무엇이 보이는가? 나를 표현하는 한마디가 있는가?

명함 ← 나를 소개하는 한마디가 있는가?

2. 명함을 올려놓은 종이 위에 내가 잘하는 것, 좋아하는 것, 하고 싶은 것을 적어라. 최대한 많이 적어라. 많으면 많을수록 좋다.

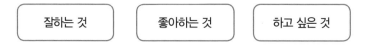

잘하는 것 좋아하는 것 하고 싶은 것

3. 잘하는 것, 좋아하는 것, 하고 싶은 것 중에서 가장 핵심적인 것을 5개로 압축하라. 그리고 그 공통점을 하나로 만들어라. 그러면 나를 소개하는 죽이는 한마디가 생겨난다.

나를 소개하는 한마디 ← 나는 어떤 사람인가?

실패자의 입에서는
변명만 나온다.

안 되는 것을 먼저 보기 때문이다.

성공자의 입에서는
영웅담만 나온다.

되는 것을 먼저 보기 때문이다.

열등감을 넘어야 콘텐츠가 보인다

열등감이 문제다

국내 한 대학에서 심리학 조사를 통해 계층별 열등감을 조사한 적이 있다. 그 결과, 외모에 가장 열등감을 갖고 있는 계층은 다름 아닌 연예인이었다. 으레 일반인들이 연예인에게 '예쁘다, 부럽다, 닮고 싶다' 등의 감정을 느낀다. 그런데 열등감을 느끼는 연예인을 분석해보았더니, 충분히 아름다운 외모인데도 남과 비교하여 자신이 갖지 못한 것에 열등감을 가지고 있었다.

열등감은 자신을 평가 절하하는 것에서부터 시작한다. 자신의 장점이나 가치를 보지 못하고 타인의 우월한 점과 비교하여 자신을 평가절하하면 열등감이 생겨나는 것이다. 학력 콤플렉스, 외모 콤플렉스, 직업 콤플렉스 등은 좋은 점을 보기보다는 안 좋은 점을 먼저 보는 데서 찾아오는 증상이다.

사람에게 가장 중요한 것은 건강이다. 신체의 건강이 1순위라는 뜻이다. 그런데 지금과 같은 불황의 시대에는 정신 건강을 0순위로 친다. 신체 건강보다 정신 건강이 더욱 중요하다는 말이다.

우리 몸에는 에너지가 흐르고 있는데, 에너지에는 좋은 에너지와 나쁜 에너지가 있다. 좋은 에너지는 마음을 편안하게 해주고 몸도 건강하게 해준다. 그러나 나쁜 에너지는 마음을 불편하게 하고 몸을 상하게 한다.

나쁜 에너지의 대표적인 것이 '열불'이다. 열불은 열등감과 불안감으로, 열등감의 친구가 불안감이다. 열등감을 느끼기 때문에 내일이 걱정스럽고 불안한 것이다. 그래서 열등감과 불안감은 항상 같이 붙어 다닌다. 또한 열등감과 불안감은 무기력증, 우울증, 강박증 등을 불러온다. 유유상종이라고 하듯, 못된 놈들은 못된 놈들끼리 어울리는 습성이 있기 때문이다.

못된 놈들은 꼭 떼로 몰려다닌다. 폭력배들은 떼로 몰려다니면서 사람을 괴롭힌다. 장마와 태풍도, 폭풍과 폭우도 그렇다. 그리고 열등감과 불안감이 그렇다. 떼로 몰려다니면서 사람을 괴롭힌다.

열등감과 불안감을 떨쳐내라. 열등감이 없어지면 불안감이 없어지고, 무기력증, 우울증 등이 사라진다. 나쁜 에너지가 사라져야 좋은 에너지가 들어오고, 나쁜 에너지인 열등감을 떨쳐내야 좋은 에너지인 열정이 생긴다. 그리고 열등감을 떨쳐내야 자존감이 생긴다.

무엇을 먼저 보느냐?

두 형제가 있었는데, 이 집의 가훈은 이러했다.

'Dream is now here(꿈은 지금 여기에 있다).'

이 액자를 보고 자란 형은 큰 사업가로 성공했다. 그런데 똑같은 액자를 보고 자란 동생은 노숙자가 되었다. 그는 이 액자를 이렇게 읽었다고 한다.

'Dream is nowhere(꿈은 어디에도 없다).'

문구 그대로 '꿈은 어디에도 없다'고 생각하고 방황하며 마구잡이로 산 것이다. 똑같은 액자를 보면서도 두 형제는 보는 시각이 달랐다. 그 결과, 두 형제의 삶도 180도 달라졌다. 똑같은 상황, 똑같은 일을 하더라도 사람마다 보는 시각이 다르다. 그렇기에 이루어내는 결과도 다르다. 긍정적인 것을 먼저 보는 사람이 있고, 부정적인 것을 먼저 보는 사람이 있다.

세일즈맨을 대상으로 하는 강의에서 이런 질문을 던졌다. "여러분이 팔고 있는 상품은 몇 가지나 됩니까? 여러분의 회사에서 팔고 있는 상품은 몇 가지나 됩니까?" 그러자 참가한 교육생들이 50가지가 넘는다고 했다. 그래서 "그러면 그 많은 상품들을 모두 잘 파십니까?"라고 물었더니, 이구동성으로 "아니요"라고 대답했다. 몇 가지 상품만 잘 판다고 했다. "왜 많은 상품들 중에서 몇 가지 상품만 잘 파는 겁니까?"라고 다시금 물었더니, 자기가 그 상품을 좋아하기 때문이라고 했다.

세일즈맨들을 보면 저마다 자기만의 잘 파는 상품이 따로 있다. 이 사람은 이 상품을 잘 팔고, 저 사람은 저 상품을 잘 판다. 자기만의 주특기 상품이 있는 것이다. 왜 그럴까? 자기가 그 상품을 좋아하기 때문이다. 그 상품을 좋아하면 단점보다는 장점이 먼저 보인다. 상품의 단점을 먼저 보는 세일즈맨은 그 상품을 팔지 못한다. 반면에 상품의 장점을 먼저 보는 세일즈맨은 그 상품을 엄청나게 잘 판다.

'눈에 콩깍지가 씌다'라는 말이 있다. 장점을 먼저 보면 단점이 보이지 않는다는 말이다. 단점을 보지 마라. 장점만 봐라. 성공자는 장점을 먼저 보고, 실패자는 단점을 먼저 본다. 똑같은 상황인데도 성공자의 입에서는 영웅담이 나오고, 실패자의 입에서는 변명만 나온다. 보는 시각이 다르기 때문이다.

콘텐츠 개발, 열등감부터 넘어라

얼마 전 강의를 하러 가는 길이었다. 운전을 하다가, 우연히 라디오에서 가슴을 울리는 이야기 한 토막을 들었다. 다문화 가정에서 자란 어느 소년의 이야기였다. 다문화 가정이 급속히 늘면서 우리나라도 다문화 사회가 되었지만, 여전히 '다문화' 하면 떠오르는 대표적인 단어는 '편견'과 '암울함'이다.

필리핀에서 한국으로 시집온 어머니가 초등학교에 다니는 아들에게 "생김새가 다르다고 기죽지 마"라고 당부하자, 아들이 웃으며 이렇게 대답했단다.

"엄마, 걱정 마세요. 저는 다른 애들보다 하나를 더 가졌잖아요."

다른 아이들은 부모님에게서 문화 하나밖에 배우지 못하는데, 자기는 아버지 나라의 문화와 어머니 나라의 문화를 함께 가졌으니 축복받은 사람이라고 하더란다.

이 이야기를 듣는데 눈물이 핑 돌았다. 어린 학생이 대견하기도 하고, 한편으로는 아직도 편견의 시선으로 그들을 바라보고 있는 이 세상이 부끄럽기도 했다. 그 소년을 통해 또 하나를 배웠다. 편견의 담을 넘으니 '무엇을 할까'라는 답이 보였다. 암울의 담을 넘으니 희망의 답이 보였다.

생각의 담, 편견의 담, 고정관념의 담을 넘어라. 그러면 세상이 환호한다. 사람들이 박수를 치며 좋아한다.

저것은 벽

어쩔 수 없는 벽이라고 우리가 느낄 때

그때

담쟁이는 말없이 그 벽을 오른다.

물 한 방울 없고 씨앗 한 톨 살아남을 수 없는

저것은 절망의 벽이라고 말할 때

담쟁이는 서두르지 않고 앞으로 나아간다.

한 뼘이라도 꼭 여럿이 함께 손을 잡고 올라간다.

푸르게 절망을 다 덮을 때까지

바로 그 절망을 잡고 놓지 않는다.

저것은 넘을 수 없는 벽이라고 고개를 떨구고 있을 때

담쟁이 잎 하나는 담쟁이 수천 개를 이끌고

결국 그 벽을 넘는다.

- 도종환, 〈담쟁이〉 중에서

세상에는 넘어야 할 담이 많다. 학벌, 출신지, 생김새, 열등감, 편견 등의 담을 넘어라. 그래야 답이 보인다.

내 인생의 답은 콘텐츠에 있다. 내가 가장 잘하는 것이 무엇인지 찾아서 그것을 집중적으로 개발해야 한다.

나만의 콘텐츠를 개발하기 위해 제일 먼저 극복해야 하는 것이 열등감이다. 열등감을 떨쳐내야 내가 무엇을 할 것이며 어떤 콘텐츠를 어떻게 개발할 것인지가 보인다.

자존감을 높이는 방법

자신감보다 더 중요한 것이 자존감이다. 자존감은 자신에 대한 믿음과 신뢰다. 자존감을 높여야 자신감도 높아진다. 내 자존심을 살리는 방법은 무엇일가?

| 1.
수용 | **있는 그대로 받아들여라**
주어진 상황을 그대로 받아들여라.
장점과 단점을 그대로 받아들여라.
단점은 버리고 장점을 키워라. |

| 2.
My Way | **나만의 길을 가라**
남의 떡과 비교하지 마라(원래 남이 떡이 더 커 보인다).
내가 하는 일에 특별한 의미를 부여하라.
앞만 보고 뚜벅뚜벅 우직하게 걸어라. |

| 3.
자기 격려 | **날마다 자기에게 격려의 말을 하라**
"그래도 너는 잘될 거야."
"넌 지금 잘하고 있어."
"너만의 매력이 있잖아." |

장점을 개발해야 할까?

단점을 보완해야 할까?

보통 사람은 단점부터 보완한다.

장점을 개발해야 할까?

단점을 보완해야 할까?

성공하는 사람은 장점부터 개발한다.

단점은 버리고 장점을 집중 개발하라

특기는 힐링 라이프다

점심 식사 후, 공원 벤치에 앉아 바람을 쐬고 있었다. 직장 동료인 듯한 남자 두 명이 손에 커피 한 잔씩을 들고 내 옆 벤치에 앉았다. 점심 식사를 마친 후 잠시 햇볕 나들이를 나온 모양이었다.

한 친구가 이렇게 말했다. "나도 술 좀 잘했으면 좋겠다. 체질적으로 술을 못해. 여자라고는 아내밖에 모르고. 더군다나 고스톱, 당구 같은 잡기도 못해." 그러자 옆의 친구가 놀리듯이 한마디 했다. "그럼 넌 무슨 재미로 사냐?" 그러자 주색잡기를 못한다는 친구가 무슨 말을 해야 할지 몰라 잠시 멈칫하더니, 이렇게 말하는 것이었다. "그런 말 듣는 재미로 산다, 왜?"

주(酒)·색(色)·잡기(雜技)는 술과 여자와 놀이를 일컫는 말이다. 그런데 주색잡기는 두 가지 얼굴을 가지고 있다. 하나는 천사의 얼굴이고,

다른 하나는 악마의 얼굴이다.

주색잡기를 적절히 활용하면 인생에 활력을 주고 삶을 윤택하게 만드는 천사의 얼굴이 있다. 그러나 지나치게 빠져들면 악마의 발톱을 드러낸다. 가벼운 음주는 삶을 풍요롭게 만들며, 인간관계에 도움이 되고, 스트레스를 없애는 데 도움을 준다. 하지만 과다한 음주와 습관적인 음주는 인생을 파멸로 몰아넣는다.

잡기의 경우도 그렇다. 놀이로 활용하면 스트레스에서 탈출하는 비상구 역할을 한다. 하지만 노름에 빠져들게 되면 마약과 같이 인생을 파멸의 구렁텅이로 처박는다.

'필요악'이라는 말이 있다. 필요하기도 하지만, 잘못하면 악이 된다는 말이다. 마약의 경우가 그렇다. 마약은 꼭 필요한 약이기도 하다. 유용하게 사용하면 사람의 목숨을 구하는 생명의 약이지만, 잘못 사용하면 사람을 파멸로 몰아넣는 죽음의 약이다. 주색잡기가 바로 필요악이다. 긍정적으로 사용하면 삶에 활력을 불어넣어주는 유익한 것이 되지만, 부정적으로 사용하면 사람을 파멸로 이끈다.

주색잡기에 빠지지 마라. 술친구가 많다고 자랑하지 마라. 놀기 좋아한다고 으스대지 마라. 고스톱에서 재미 좀 봤다고 말하지 마라. 모두가 킬링 타임(killing Time)이다. 잡기에 빠져 허비하는 세월이 아깝지 않은가? 그 시간을 좀 더 창조적인 일, 나만의 주특기를 만드는 데 투자하라.

내가 좋아하는 취미나 잘하는 일에 투자해서 남들과 다른 나만의 주특기를 만들어야 한다. 잡기는 킬링 타임, 특기는 힐링 라이프(healing Life)라는 사실을 잊지 말자.

장점 개발에 집중하라

타임머신을 타고 초등학교 수업 시간으로 돌아가보자. 선생님이 수업 시간에 이런 질문을 한다. 사과 한 바구니가 있다. 예쁘고 잘생긴 사과도 있고, 멍들고 못생긴 사과도 있다. 하루에 사과 하나씩을 먹어야 한다면 어떤 사과부터 먹어야 할까? 상태가 좋은 사과부터 먹어야 할까, 상태가 안 좋은 사과부터 먹어야 할까?

상태가 좋은 사과부터 먹는 사람이 있다. 가장 좋은 사과부터 먹고, 다음 날은 남은 것 중에서 가장 좋은 것을 먹는다. 그래서 그는 날마다 좋은 사과만 먹는다.

반대로 상태가 안 좋은 사과부터 먹는 사람이 있다. 시간이 지나면 더 좋은 사과를 먹을 수 있다는 생각에서다. 열 개 중 상태가 가장 나쁜 사과부터 먹고, 다음 날은 남은 것 중에서 가장 나쁜 것을 먹는다. 하지만 사과는 시간이 지날수록 점점 상하게 마련이다. 그래서 그는 날마다 상태가 안 좋은 사과만 먹는 것이다.

사람은 누구나 장점과 단점을 함께 가지고 있다. 장점을 먼저 키워야 할까, 단점을 먼저 보완해야 할까? 사람에 따라 생각이 다르다. 어떤 사람은 단점을 먼저 보완해야 한다는 사람도 있고, 어떤 사람은 장점을 먼저 개발하되 단점도 보완해야 한다는 사람도 있다. 그러나 나는 단점은 무조건 버리고 장점만 키우라고 강조한다. 단점을 보완하며 살기에는 이미 시간이 늦었기 때문이다.

초등학생, 중학생, 고등학생이라면 단점을 보완하는 것이 옳다. 앞으로의 인생을 준비하는 기간이고, 단점을 보완해서 장점으로 변환시키기까지 시간이 충분하기 때문이다. 하지만 성년이 된 지금은 단점을 과감하게 버릴 줄 알아야 한다.

단점을 보완하기보다는 장점을 집중적으로 개발해야 한다. 단점을 보완할 만한 시간이 있다면 차라리 그 시간을 장점 개발에 투자하는 것이 좋다. 그 편이 더 효율적이다. 단점을 보완하는 것은 썩은 사과부터 먹는 것이나 마찬가지라 계속 나쁜 사과만 먹게 된다. 단점을 보완하는 사람은 평생 단점만 보완하다가 인생을 마감한다.

그러니 장점을 집중적으로 개발하는 것이 옳다. 좋은 사과부터 먹는 사람이 날마다 좋은 사과만 먹는 것처럼, 장점을 개발하는 사람은 인생도 그렇게 좋은 방향으로 발전해간다. 그런 사람이 특별한 인생을 산다.

장점을 개발하는 일은 나무를 기르는 것과 같다. 하루하루 지날수록 쑥쑥 자라나는 것이 나무다. 장점 개발에 집중하는 사람은 날이 갈수록 성장 속도가 빨라진다. 결국 그 분야의 최고 전문가로 성장한다.

큰 파도가 덮치면 작은 파도는 죽어버린다. 장점을 키우면 단점은 장점에 묻힌다. 장점을 키우면 단점은 아무 문제가 되지 않는다는 말이다. 경쟁력이 없는 사람은 단점만 보완하며 살고, 경쟁력이 강한 사람은 장점을 집중적으로 개발한다.

단점은 적극성으로 극복하라

어느 회사의 사보 뒤표지에 이런 글이 실렸다.

옛날에 한 소년이 있었는데, 소년의 마을에서는 전쟁놀이가 한창이었다. 소년이 아버지에게 칼을 만들어달라고 하자, 아버지가 나무로 작은 칼을 하나 만들어주었다. 소년은 기뻐서 칼을 들고 나갔으나 곧 울면서 돌아왔다. "아버지, 칼이 짧아서 다른 애들의 긴 칼을 이길 수가 없어요. 제게도 긴 칼을 만들어주세요." 그러자 아버지가 이렇게 말했다. "아들아, 칼이 짧으면 한발 더 나가서 싸우렴. 네가 한발 더 앞으로 나가면 얼마든지 이길 수 있단다."

단점을 극복하는 방법이 바로 적극성이다. 그것만으로도 충분하다.

칼이 짧은 것은 분명 단점이지만, 한발 더 앞으로 나가 싸우는 적극성이 있으면 단점을 충분히 극복할 수 있다.

단점을 적극성으로 극복한 대표적인 사람이 마라토너 이봉주 선수다. 그는 왼발이 오른발보다 무려 4센티미터나 큰 짝발인데, 발바닥에 아치가 없는 평발이다. 양쪽 발의 크기가 다르면 몸이 한쪽으로 기울거나, 뛸 때 보통 사람보다 체력 소모가 훨씬 많다. 평발은 조금만 걸어도 피로가 쌓이고 부상도 자주 당한다. 그러므로 마라토너에게 짝발과 평발은 치명적인 단점이다.

그러나 그는 이런 단점을 적극성으로 극복했다. 그에게는 장점과 단점이 있었다. 장점은 적극성이었고, 단점은 짝발과 평발이었다. 그는 단점인 짝발과 평발을 보완하기보다는 적극성이라는 장점을 활용했다. 보통 사람보다 수십 배 더 노력하고 도전하는 적극성으로 단점을 극복한 것이다. 그가 훌륭한 선수로 평가받는 이유다.

수비의 목표는 지지 않는 것이다. 하지만 수비의 최고 목표는 지지 않는 것이 아니라 공격해서 이기는 것이다. 단점은 보완하는 것이 아니라 극복하는 것이다. 단점은 적극성으로 극복하라.

나의 장점을 집중 개발하기

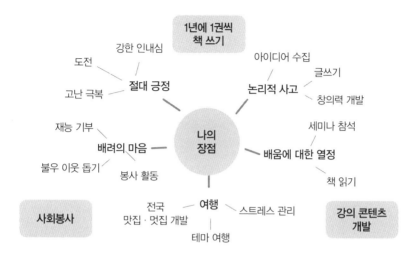

1. 나의 장점을 종이에 적어라

나의 장점을 생각나는 대로 종이에 적어라.

머릿속에 있는 것과 종이에 적는 것은 다르다.

2. 장점과 관련된 행동을 적어라

장점과 관련된 세부 행동을 가지치기하라.

구체적인 행동을 찾아가는 방법이다.

3. 연관성 있는 것끼리 묶어라

서로 유사성이 있는 것끼리 묶어라.

그러면 앞으로 내가 집중적으로 개발해야 할 목표가 눈에 보인다.

뱀은

1년에 2~3번 허물을 벗는다.

그렇지 않으면 죽기 때문이다.

사람은

정기적으로 허물을 벗어야 한다.

그렇지 않으면 죽기 때문이다.

자기 변화 프로세스를 만들어라

편안함을 선택하면 모두 포기해야 한다

산에 올라가는 길은 꼭 하나만 있는 것이 아니다. 이쪽에서도 올라갈 수 있고, 저쪽에서도 올라갈 수 있고, 사방팔방에 길이 있다. 인생도 마찬가지다. 꼭 한 가지 방법만 있는 것이 아니다. 이런 방법도 있고, 저런 방법도 있고, 접근하는 방법은 다양하다.

등산과 인생의 공통점은 그곳에 오르는 사람의 심정이 닮았다는 점이다. 산에 처음 오르는 초보자는 쉬운 길만 찾는다. 되도록이면 짧고 경사가 완만한, 산책 코스처럼 평탄한 길을 택한다. 그러나 쉬운 코스를 선택해도 정상까지 오르는 사람은 거의 없다. 중간에서 포기하기 때문이다. 평범한 인생을 사는 사람들을 보면 쉬운 방법만 찾고, 힘들이지 않고 쉽게 접근할 수 있는 것만 찾는다.

그러나 등산 마니아는 결코 쉬운 길을 찾지 않는다. 짧고 평탄한 길보다는 험한 길을 더 좋아한다. 정상에 올랐을 때의 기분이 다르기 때문이다. 그들은 처음부터 속도를 내지 않는다. 서두르지 않고 무리하지도 않으면서, 터벅터벅 자기 호흡에 따라 산을 오른다.

쉬운 방법을 찾고 있는가? 그렇다면 아마추어다. 성공하려면 아직 멀었다. 힘든 방법도 마다하지 않는가? 멀리 보고 오늘을 살아가는가? 그렇다면 당신은 이미 프로다.

이 길로 갈까? 저 길로 갈까? 우리는 날마다 선택하면서 살아간다. 선택이라는 말을 들여다보면 무엇이 보이는가? 선택이라는 말에는 포기의 의미도 들어 있다. 하나를 선택하면 다른 것은 포기해야 하기 때문이다.

물건을 살 때를 생각해보라. 가격을 선택할 것인가, 품질을 선택할 것인가? 가격을 선택하면, 가격 이외에 나머지는 포기해야 한다. 가격이 싼 것을 선택하는 순간 품질, 브랜드, 서비스는 포기해야 한다.

편한 길을 선택할 것인가, 힘든 길을 선택할 것인가? 우리는 날마다 고민하면서 살아간다. 편안함을 선택하지 마라. 편안한 것을 선택하는 순간 편안함을 제외한 모든 것, 내일, 희망, 결과, 희열, 에너지, 성공 등을 다 포기해야 한다. 오늘은 편할지는 몰라도, 내일도 없고 성공도 없다. 현실 만족에 머물며 살아간다면 찾아오는 것은 그냥 그런 평범한 삶뿐이다. 편안함을 선택하는 것은 인생을 포기하는 것이나 다름없다.

살기 위해서 허물을 벗는다

허물을 벗는 것에는 무엇이 있을까? 가장 먼저 뱀이 떠오르겠지만, 게, 거북, 나무, 심지어 사람까지 허물을 벗는다.

길거리의 가로수로 은행나무, 단풍나무, 느티나무 등이 있다. 대부분 무심코 지나칠 테지만, 가을이나 겨울이 되면 나무들이 허물을 벗는 모습을 쉽게 볼 수 있다. 나무껍질이 피부가 터지듯이 벗겨지는데, 나무들이 기존의 껍질을 벗고 성장한 만큼 새로운 옷으로 갈아입는 것이다.

뱀은 대개 1년에 2~3번 허물을 벗는데, 평생에 걸쳐 20~30번의 허물을 벗는다. 뱀은 반드시 허물을 벗어야 한다. 그렇지 않으면 피부가 딱딱해져서 성장하지 못하고 끝내 허물 안에서 죽고 만다. 성장기에 있는 뱀이 자주 허물을 벗는 것은 이런 이유에서다.

사람도 허물을 벗을까? 떠도는 우스갯소리에 따르면, 사람은 두 가지 형태로 허물을 벗는다. 밖으로 허물을 벗고, 안으로 허물을 벗는다. 밖으로는 성형수술로 허물을 벗고, 안으로는 정신적으로 허물을 벗는다는 우스갯소리다.

환골탈태라는 말이 있다. 사람이 훨씬 나아져서 딴 사람처럼 된다는 말이다. 사람이 기존의 허물을 벗어던지고 새로운 모습으로 변한 것을 의미한다. 성장은 곧 변화다. 변화하지 않으면 성장할 수 없다. 어제보다 오늘, 오늘보다 내일이 달라져야 한다. 이런 변화가 없으면 성장을 멈춘 것이다.

"뱀은 허물을 벗지 못하면 죽는다." 독일의 대문호 괴테가 한 말이다. 사람도 허물을 벗지 못하면 죽는다. 변화가 없는 인생은 죽은 것이나 다름없다.

사람이 허물을 벗는 방법에는 4가지가 있다.

첫째는 스스로 허물을 벗는 것이다. 변화를 위해 끊임없이 시도하는 것으로, 스스로 변화 프로그램을 만들고 직접 교육을 찾아 나서기도 한다. 이런 사람은 일신우일신한다. 하루가 다르게 급성장한다.

둘째는 남의 도움을 통해 허물을 벗는 것이다. 멘토 또는 컨설팅을 통해 변화를 시도하는 것으로, 적극적인 사람이 활용하는 방법이다.

셋째는 남의 손을 통해 허물을 벗는 것이다. 내 의지보다는 다른 사람, 환경에 의해 강제적인 변화를 시도하는 경우다. 회사의 강제적인 프로그램을 통한 변화가 그렇다.

마지막으로 허물이 벗겨지기를 기다리는 방법이 있다. 감나무 밑에서 홍시가 떨어지기를 기다리는 사람처럼, 변화가 저절로 이루어지기를 기다리는 것이다. 이런 사람은 결국 허물을 벗지 못한 채 죽고 만다.

변화 관리 프로세스를 작동시켜라

2월 14일은 밸런타인데이다. 단순히 초콜릿이나 선물을 주고받는 날일까? 아니다. 젊은 연인들이 서로 사랑을 고백하는 날이다.

밸런타인데이는 로마의 발렌티누스 사제에게서 비롯되었다. 3세기경 로마 황제는 젊은 남자를 군인으로 징집하여 군의 전력을 강화하기 위해 젊은 남자가 결혼하는 것을 금했다. 이 금지령을 어기고 발렌티누스 사제는 서로 사랑하는 젊은 군인과 여인의 결혼에 주례를 서주었다. 이 일로 발렌티누스는 순교했다. 이후 그가 순교한 날을 기념일로 정했는데, 이날 사랑하는 사람들이 서로 사랑을 고백하는 풍습이 생겨났다. 그런데 언제부터인지 의미가 변질되어버렸다. 화이트데이, 옐로데이, 블랙데이, 레드데이, 키스데이 등 본래의 의미는 온데간데없고 상업적으로 변질된 의미만 전염병처럼 퍼지고 있다.

변화는 하되, 변질은 되지 말아야 한다. 변화와 변질은 둘 다 바뀐다는 공통점이 있지만, 그 결과는 정반대다. 변화는 긍정적인 방향으로 바뀌는 것이다. 우유가 바뀌면 치즈가 된다. 기존의 가치가 더 높아져 경쟁력이 강해지는 방향으로 바뀌게 된다. 이것이 변화다.

변질은 이와 반대로 부정적인 방향으로 바뀌는 것이다. 우유가 잘못 바뀌면 상한 우유가 된다. 기존의 가치를 상실하고 경쟁력마저 잃고 마는 것이다. 이것이 변질이다.

변화를 추구하라. 자신의 가치를 키우는 방향으로 발전시켜라. 경쟁력을 높이는 데 주력하라. 그러나 근본적인 속성을 잃어버리는 변질은 안 된다. 자신의 색깔을 잃어버리는 변색도 안 된다.

변화는 프로세스 관리를 통해 일어난다. 우유를 치즈로 만드는 과정을 생각해보라. 일정한 온도에서 일정한 기간 동안 관리해야 몸에 좋은 치즈가 된다. 자신의 가치를 높이는 경쟁력 강화는 프로세스 관리를 통해 일어난다. 이것이 변화 관리다.

반면에 변질은 프로세스 관리가 없다. 방치해서 내팽개친 결과 변질되는 것이다. 우유를 방치하면 상한 우유가 된다. 편안한 방법만 추구하는 사람은 자신을 방치하는 사람이 된다. 이런 사람들은 변질된다. 변질되면 기존의 경쟁력마저 잃고 만다. 변질되지 않으려면 지금부터 프로세스를 관리해야 한다. 계획에 따라 자신의 특기와 장점을 개발하는 것이다. 장기적인 계획을 세워 조금씩 발전시켜나가는 것이다.

자기 변화 방정식

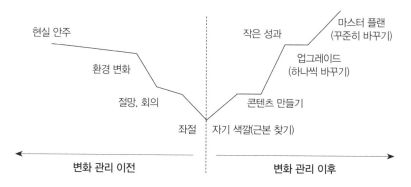

자기 변화 = 자기 색깔 × 콘텐츠 × 업그레이드 × 마스터플랜

1. **자기 색깔**	변화시켜야 할 것과 변화시키지 말아야 할 것을 구분하라. 근본적인 것은 변화시키지 말아야 한다. 자신의 색깔을 잃어버려선 안 된다.
2. **콘텐츠**	자신의 색깔에 맞는 콘텐츠를 만들어라. 자기만의 주특기를 만드는 것이다. 처음에는 미약해도 괜찮다.
3. **업그레이드**	하나씩 개선해나가라. 발전이란 하나씩 바꿔나가는 것이다.
4. **마스터플랜**	지속적으로 발전시켜가는 계획을 세워라. 중요한 것은 쉬지 않고 하나씩 바꿔나가는 지속성이다.

싸움꾼,
싸움을 잘하는 사람이다.

부정적 의미의 전문가다.

소리꾼,
소리를 잘하는 사람이다.

긍정적 의미의 전문가다.

전문가는 과정을 통해 만들어진다

꾼과 장이는 전문가를 말한다

영화 〈서편제〉는 임권택 감독의 1993년 작품으로, 아날로그 시대에 개봉되었다. 이 영화는 소리꾼 가족에 대한 이야기다. 소리밖에 모르는 아버지와 그 아버지로 인해 눈이 멀고 명창이 된 딸, 그리고 아버지와 배다른 동생 사이에서 갈등하다 도망치는 소리꾼 아들의 이야기가 잔잔한 감동을 주는 영화다. 개봉 당시, 단성사에서 196일 동안 100만 관객을 동원하여 사상 최대 관객을 모아 한국 영화의 신기록을 세웠다.

전국에 걸쳐 8,000여 개가 넘는 복합 상영관을 통해 동시에 영화가 걸리는 요즘과는 비교할 수 없는 시절이었다. 그 시절에 100만 관객은 요즘으로 치면 1천만에 해당된다. 이 영화로 임권택 감독은 우리나라 영화계의 거장으로 인정받았다.

소리꾼은 소리를 잘하는 사람을 말한다. 소리를 전문적으로 하고 소리에 능통한 사람을 이를 때 쓰는 말이다. '꾼'이라 함은 그 분야의 전문가를 일컫는다. 짐을 잘 지는 사람을 짐꾼이라 하고, 일을 잘하는 사람을 일꾼이라 한다. 또 춤을 잘 추는 사람은 춤꾼이라 부른다. 모두 그 분야에서 능숙한 사람을 이를 때 쓰는 말이다.

또 장인이라는 뜻을 담고 있는 말이 있다. '~장이'라는 말이다. 토기장이, 가구장이, 옹기장이, 땜장이 등 그 분야와 관련된 기술을 많이 가진 사람을 일컬을 때 쓰는 말이다. 즉, 그 분야의 전문가로 인정하는 말이다.

반면 정반대의 의미로 쓰이는 말도 있다. 바로 '~쟁이'라는 말이다. 겁쟁이, 고집쟁이, 떼쟁이 등은 부정적인 속성을 많이 가지고 있는 사람을 이르는 말이다. 부정적인 의미에서 그 분야의 최고라는 말이다.

이렇듯 전문가에는 두 가지 부류가 있다. 긍정적인 의미와 부정적인 의미의 전문가다. '꾼'은 긍정적인 의미에서의 전문가다. 일꾼, 재주꾼, 장사꾼 등 그 분야에서 최고라는 말이다. 또한 '장이'라는 소리를 듣는 사람이 있다. 생각장이, 기획장이, 광고장이 등 긍정적인 의미에서 그 분야의 전문가라는 말이다.

그러나 사기꾼, 훼방꾼, 놀음꾼……, 겁쟁이, 떼쟁이, 무식쟁이……와 같은 소리는 부정적인 의미에서 최고라는 말이다. 부정적인 전문가가 아니라 긍정적인 전문가가 되어야 한다.

전문가는 '원츠맨'이다

나는 치킨을 좋아하는데, 치킨을 크게 세 부분으로 나눈다. 가장 맛없는 부분이 바로 가슴살이다. 퍽퍽하고 맛이 없어서, 어쩔 수 없을 때 먹는다. 또 그다지 먹을 것이 없는 부분이 갈비다. 노력에 비해 별로 얻는 것이 없다. 그래서 '계륵'이라는 말이 생겨난 것이다. 계륵은 '닭의 갈비'라는 뜻으로, 큰 쓸모나 이익은 없으나 버리기는 아까울 때 쓰는 말이다. 버리자니 아깝고, 먹자니 먹을 게 없다. 마지막으로 치킨에서 가장 맛있는 부분이 다리다. 어떤 사람은 날개를 더 좋아하기도 한다. 서로 먼저 먹으려고 경쟁하는 부분이다.

세 종류의 사람이 있다. 필요 없는 사람, 필요한 사람, 꼭 필요한 사람이다. 필요 없는 사람은 불쌍하다. 가장 먼저 내팽개쳐지기 때문이다. 하는 일도 없이 밥만 축낸다. 치킨의 가슴살과 같아서, 환영받지 못하는 사람이다.

필요한 사람도 불쌍하다. 계륵이기 때문이다. 두자니 별로 하는 일이 없고, 없애자니 당장은 아쉽다. 필요할 때는 어쩔 수 없이 이용하지만, 용도가 끝나면 내팽개쳐진다. 한마디로 토사구팽 당한다. 토사구팽이 무슨 뜻인가? 사냥하러 가서 토끼를 잡으면, 사냥하던 개는 더 이상 쓸모가 없어지므로 잡아먹는다는 뜻이다. 이런 사람은 단기적인 목적으로 이용된다. 이들은 누구나 할 수 있는 일을 한다. 다른 사람도 그 일을 충분히 할 수 있기 때문에, 대체 인력이 나타나면 도태될 수밖에 없다.

그러나 꼭 필요한 사람이 있다. 자기만의 일을 하는 사람 말이다. 그 사람이 없으면 일이 돌아가지 않는다. 자기만의 전문적인 주특기를 가지고 있기 때문이다. 이런 사람을 원츠맨(wants man)이라 한다. 그 분야에서 그 일을 할 수 있는 사람은 오직 그 사람밖에 없어서, 치킨의 다리나 날개와 같이 서로 먼저 잡겠다고 덤벼든다.

'세계 최고의 위폐 감별사'라고 불리던 사람이 있었다. 서태석은 한 은행 CF에 등장해서 더욱 유명해졌다. 그는 중학교 중퇴가 최종 학력이지만, 세계 최고의 위폐 감별사가 되었다. 그는 일용직으로 은행에 입사했다. 중학교도 제대로 나오지 않았다고 놀림도 당했다. 그렇지만 위폐 감별로는 그를 따라올 사람이 없었다. 그가 근무하던 은행에서는 정년이 훌쩍 넘어서까지 억대 연봉을 주면서 그를 붙잡았다. 그가 아니면 그 일을 더 잘할 수 있는 사람이 없었기 때문이다. 그야말로 누구나 원하는 원츠맨이었다. 필요한 사람(needs)을 넘어 원하는 사람(wants)이 되었던 것이다.

결과보다 과정을 고민하라

톨스토이의 작품 가운데 《사람에게는 얼마만큼의 땅이 필요한가》라는 단편소설이 있다. 주인공 바흠은 땅만 가지면 악마도 겁나지 않는다고 말할 정도로 땅을 많이 소유하는 것을 좋아했다.

어느 날 한 마을의 어른을 만났다. 그가 땅을 싼값에 주겠다며 이렇게 말했다. "하루 동안 걸어서 갔다가 돌아오는 만큼 자네에게 땅을 주겠네. 자, 여기를 출발점으로 하지. 여기서 출발해서 여기로 돌아오는 것만큼 자네 땅이 되는 걸세. 단, 해가 지기 전까지는 반드시 출발점으로 돌아와야 하네."

바흠은 다음 날 아침 일찍 출발했다. 더 많은 땅을 얻기 위해서 뛰기 시작했다. 갈수록 기름진 땅이 나왔다. 계속 달리다가 하늘을 보니 어느새 저녁노을이 지고 있었다. 출발점으로 돌아가기 위해 죽어라 뛰고 또 뛰었다. 그러나 출발점으로 도착한 그는 숨이 차서 죽고 말았다. 목적만을 위해 앞만 보고 달리다가 끝내 죽고 만 것이다.

'무엇'을 먼저 생각하는 사람이 있다. 무엇을 먼저 생각하는 사람은 더 높은 자리에 올라가거나 더 많은 돈을 버는 등 결과에만 집착한다. 욕심을 채우기 위해 수단과 방법을 가리지 않는다. 앞에 소개한 바흠과 마찬가지다. 더 많은 것을 갖고자 앞만 보고 달려가다 끝내 죽고 만다.

이와 달리 '어떻게'를 먼저 생각하는 사람이 있다. 어떻게를 먼저 생각하는 사람은 과정을 중요시하여, 결과보다는 과정에 의미를 부여한다. 톨스토이의 단편소설 《바보 이반 이야기》와 마찬가지다. 이반의 나라에는 바보들만 모여 산다. 돈에 욕심을 가진 사람은 아무도 없다. 단, 이반의 나라에는 한 가지 규칙이 있다. 손에 굳은살이 박인 사람만이 식탁에 앉을 수 있다. 굳은살이 없는 사람은 남이 먹다 남긴 찌꺼기를 먹어야 한다. 일하지 않는 사람에게는 공짜로 밥을 주지 않는 것이다. 그들은 머리로 사는 사람이 아니라 손과 발로 사는 사람들이다. 이반은 '어떻게'에 중점을 두었고, 손에 박힌 굳은살을 중요하게 생각했다. 그 덕분에 이반은 풍족하게 살 수 있었다.

결과를 보는 사람에게는 전문적 주특기가 없지만, 과정에 충실히 하는 사람만이 전문적 주특기를 만들어간다. 그러므로 결과를 추구하지 말고 과정에 충실해야 한다.

세상이 점점 더 전문가를 우대하는 쪽으로 바뀌고 있다. 이제 '아무나'는 더 이상 통하지 않는다. 내가 하는 일을 더 깊이, 더 집중적으로 함으로써 전문적인 지식을 갖추지 못한 사람은 내일이 보장되지 않는 것이 현실이다. '무엇'에 집중하면 평범한 사람밖에 되지 못하지만, '어떻게'를 고민하는 사람은 전문가의 삶을 산다.

결과 중심에서 과정 중심으로 전환하기

호떡을 가지고 결과 중심에서 과정 중심으로 바꿔보자.

일반 호떡

1. 밀가루 반죽

2. 속 : 설탕 + 참깨

3. 기름 : 식용유

지금까지 없는 다른 호떡을 만들어보자. 과정으로 차별화된 호떡을 만들어보자.

쑥 호떡? 녹차 호떡?

뽕잎 호떡? 복분자 호떡?

아직도 결과 중심에서 벗어나지 못했다. 과정 중심으로 더 고민하라.

남대문시장의 '3억 호떡' 사장은 호떡 하나로 대박을 터뜨렸다. 일본, 중국의 관광객들이 이곳에 들러서 호떡을 먹는다. 대박 호떡을 만든 과정은 무엇일까?

1. 웬떡 : 호떡 안에 오징어, 해물 재료를 넣어 '이게 웬 떡이냐' 하는 반응이 나오게 했다.

2. 빵떡 : 호떡 재료를 빵빵하게 넣어 호떡 하나로 한 끼의 식사 가 되도록 했다.

3. 헐떡 : 미리 만들어놓지 않고 주문 즉시 호떡을 만들기 때문 에 헐레벌떡 호떡을 만든다.

용의 꼬리? 닭의 머리?
어느 것을 선택하겠는가?

용의 꼬리를 선택했다.
영원한 2등이다.

용의 꼬리? 닭의 머리?
어느 것을 선택하겠는가?

닭의 머리를 선택했다.
영원한 1등이다.

먼저 시작하라,
그래야 그 분야 최고가 된다

'The First, The Best'라고 한다

마케팅 격언 중에 'The Fist, The Best'라는 말이 있다. 시장에 1등으로 진입한 제품이 1등 브랜드가 된다는 뜻이다. 이를 '최초 진입의 원칙'이라고 한다. 카페라테, 딤채, 박카스, 동원참치…… 이들의 공통점은? 시장에 최초로 진입해서 1등 브랜드가 되었다는 것이다. 즉, 퍼스트 무버만이 1등의 길을 갈 수 있다는 것이다. 이것을 우리에게 적용하면 남들이 시작하기 전에 먼저 하라. 즉, 퍼스트 무버가 돼라. 그래야 그 분야에서 내가 1등의 길을 갈 수 있게 된다.

지금은 패스트 팔로워(fast follower)보다는 퍼스트 무버(first mover)가 되어야 한다. 패스트 팔로워는 말 그대로 빠르게 쫓아가는 추적자를 말한다. 1등을 쫓는 2등이 추적자에 해당된다. 후발 주자가 선발 주자를 따라잡기 위해 죽기 살기로 덤벼드는 것이 추적자 전략이다.

그렇다면 퍼스트 무버는 무엇인가? 누구도 하지 않은 행동, 누구도 가지 않은 새로운 영역을 개척하는 선도자를 말한다. 마라톤 경기에서 맨 앞에서 달리는 선두주자를 일컫는다. 앞에 아무도 없는 상황에서 오로지 앞만 보면서 자기 자신과의 싸움을 하는 사람이다.

마라톤 경기를 보면 선수들은 세 그룹으로 나뉜다. 맨 앞에서 달리는 선두 그룹, 그 뒤를 쫓아가는 추종자 그룹, 맨 뒤에 처져서 달리는 참가자 그룹이 있다.

선두 그룹을 형성하는 선수들은 프로다. 이들이 퍼스트 무버다. 이들은 1등으로 골인하고, 신기록 달성을 목표로 한다. 추종자 그룹의 선수들은 따라가기 바쁘다. 이들을 일컬어 패스트 팔로워라고 한다. 어떻게 해서든 앞서 달리는 선두 그룹에 속하고 싶지만, 체력이나 실력 면에서 역부족이다. 마지막 참가자 그룹은 등수나 기록에는 관심이 없이, 그저 참가하는 데 의미를 둔다. 아마추어들이 여기에 속한다.

'선택과 집중' 전략으로 임하라

"내 인생은 한 번뿐이고, 의미 있게 살 기회도 한 번뿐이다." 지미 카터 전 미국 대통령이 한 말이다. 내 인생을 의미 있게 사는 방법은 무엇일까? '용의 꼬리'보다는 '닭의 머리'가 되는 것이다. 남의 뒤를 쫓아가는 영원한 2등이 되기보다는, 차라리 다른 곳에서 1등으로 달리는 전략을 세우는 것이다.

얼마 전 서울의 한 백화점에 긴 줄이 늘어섰다. 무슨 줄이었을까? 군산의 유명 빵집 '이성당'의 단팥빵을 사기 위해 사람들이 줄 서서 기다린 것이었다. 20대부터 백발의 노인까지, 줄을 선 연령층은 다양했다. 쉽게 보기 힘든 진풍경에 외국인 관광객들은 사진을 찍기도 하고, 장을 보러 왔다가 덩달아 줄 서는 사람도 있었다.

'이성당'은 군산에서 날마다 줄을 서는 유명한 빵집인데, 이 빵집을 유명하게 만든 상품은 다름 아닌 단팥빵이다. 이 집에서 만드는 단팥빵은 속을 가득 채운 앙금에 밀가루가 아니라 쌀가루를 사용한다. 평일에는 최대 7,000개, 주말에는 1만 개가 넘는 단팥빵이 팔린다. 동네 빵집들이 경쟁력을 잃고 여기저기 문을 닫으면서 아우성을 치는데, '이성당'은 특화된 상품으로 차별화해서 최고의 빵집으로 우뚝 선 것이다.

오래전 〈한 지붕 세 가족〉이라는 TV 드라마가 있었는데, 나이가 지긋한 사람이라면 지금도 기억할 것이다. 이 드라마에는 '순돌이 아빠'라는 인물이 등장했다. 각종 전기 제품을 수리해주는 전파상을 운영하는 사람으로, 못하는 일 없이 참으로 재주가 많았다. 그래서 이것저것 재주가 많은 사람을 일컬어 '순돌이 아빠'라고 부르기도 했다. 다른 한편으로는 할 줄 아는 재주는 많지만 특별히 그만의 특화된 재주가 없는 사람을 '순돌이 아빠'라고 한다. 자기만의 차별화된 콘텐츠가 없는 사람을 일컫는 말이다.

오리는 재주가 많다. 하늘을 날 수도 있고, 땅을 걸을 수도 있고, 바다를 헤엄칠 수도 있다. 하지만 하늘에서는 독수리에게 잡아먹히고, 땅에서는 사자의 밥이 되고, 바다에서는 상어의 먹잇감이 된다. 재주는 많으나 자신만의 특별한 것이 없기 때문이다. 만능 재주꾼 '순돌이 아빠'는 동네 구멍가게 주인밖에 되지 못했다. 자기만의 차별화된 재주가 없어 평범한 사람으로 살았다. 이것 조금, 저것 조금, 닥치는 대로 하는 사람에게는 경쟁력이 없다. 잔재주는 많으나 쓸 만한 재주가 없기 때문이다. 자기만의 차별화된 콘텐츠가 있어야 한다.

선택해서 집중하라. 경쟁력 있는 것에 전력 질주해야 한다. 단팥빵만 하루 1만 개 이상을 파는 군산의 명물 빵집 '이성당'에는 단팥빵을 사기 위해 지금도 사람들이 줄을 선다. 나의 핵심 경쟁력은 무엇인가? 내가 가장 잘할 수 있는 것은 무엇인가? 이것을 찾아 집중적으로 개발해야 한다. 선택과 집중 전략으로 나만의 차별화된 콘텐츠를 만들어야 한다. 차별화된 콘텐츠가 있느냐 없느냐에 따라 '순돌이 아빠'가 될지, '퍼스트 무버'가 될지가 결정된다.

전공 분야에 집중하라

'넓으면 얕고, 좁으면 깊다'고 한다. 넓고 얕게 파면 죽고, 좁고 깊게 파야 살 수 있다고 할 때 쓰는 말이다. 이것저것 기웃거리지 말고 전공 분야에 집중해야 한다고 강조할 때 내가 자주 사용하는 문구이기도 하다.

얼마 전, 사업을 하는 지인을 만났다. 내가 형님이라고 부르면서 자주 찾고 자문을 구하는 사업가다. 그와 이런저런 얘기를 나누다가 재테크에 관해 이야기를 하게 되었다.

그는 장기 펀드 상품에 적지 않은 금액을 투자하고 있었는데, 얼마 전부터 납입을 중단했다고 말했다. 왜인지 물었더니 "나는 투자는 잘 몰라. 그냥 좋다고 하니까 했던 거지"라고 대답했다. 그는 펀드에 투자해서 20% 이상의 수익을 냈는데도 그다지 내키지 않더라고 말했다. 펀드 투자는 용돈이나 벌기 위해 하는 것인데, 재테크에 자꾸 신경을 쓰다 보니 정작 가장 중요한 사업을 소홀히 하는 경향이 있어 펀드 납입을 중단했다는 것이다. 앞으로는 전공 분야인 사업에서 수익을 내는 일에 전념해야겠다는 생각에 펀드 투자를 그만둔 것이다. 부자들은 나름대로 전공 분야가 있다. 주식으로 부자가 된 사람도 있고, 부동산으로 부자가 된 사람도 있다. 그러나 가장 많은 것이 사업으로 성공한 사람들이다. 이들은 자기가 하는 일에 승부를 걸어 그 분야에서 성공한 사람들이다.

자신의 전공 분야에 집중하라. 여기저기 기웃거리지 마라. 지금 내가 하는 일에 승부를 걸어야 한다. 살아도 내가 하는 일에서 살아야 하고, 죽어도 내가 하는 일에서 죽어야 한다. 지금 내가 하는 일에서 퍼스트 무버가 되어야 한다. 그러기 위해서는 좁고 깊게 파야 한다. 넓으면 얕고 경쟁력이 없다. 좁게 깊게 파야 경쟁력이 강해진다. 이것이 부자들의 성공 비결이자, 프로들의 행동 방법이다. 이것이 퍼스트 무버가 되는 길이다. 전문가는 한 우물을 판다. 한 우물을 파다가 현장에서 죽고자 하는 사람이 진정한 전문가이자, 프로의 삶이다. 지금 스스로에게 물어보라. '과연 나는 지금 이 일을 하다 죽을 수 있을까?'

역사는 승자들의 이야기다. 패자의 이야기는 영웅담이 될 수 없기 때문이다. 역사는 퍼스트 무버만이 쓸 수 있다. 남들보다 앞서 생각하고 행동하는 퍼스트 무버만이 가능하다. 내 인생의 역사를 쓰자. 내 인생의 영웅담을 만들자. 남의 뒤꽁무니나 쫓아가려 하지 마라. 내가 가장 잘할 수 있는 분야를 선택하여 그 분야에서 가장 먼저 시작하라. 그래야 퍼스트 무버가 될 수 있다.

'퍼스트 무버'가 되는 과정

1단계 모방하라

[따라 하기 → 빌려 오기]

추상화의 거장 피카소도 젊은 시절 회화 수업을 받을 때 모사화를 그렸다. 모사는 그대로 복사하는 것이 아니라, 고유의 방식으로 재해석하는 것이다. 거장의 기법이나 영감을 빌려 오는 것으로, 원작자의 기법이나 의도를 따라 함으로써 원작을 이해하고 그 방법을 배우는 것이 목적이다.

처음에는 따라 하라. 단순한 모방이 아니라 영감과 기법을 빌려 와라.

2단계 개선하라

[빌려 오기 → 따라잡기]

단순한 모방에서 그치면 안 된다. 모방에 혁신을 융합하라. 그러면 나만의 주특기가 탄생한다. 이것을 혁신적인 모방이라 한다. '빌려 오기'에서 '따라잡기'로 발전시켜야 한다.

3단계 뛰어넘어라

[따라잡기 → 뛰어넘기]

현대자동차도 초창기에는 일본에 로열티를 지불하면서 기술을 이전받았다. 이후 독자적으로 엔진을 개발하는 등 지금은 세계 시장에서 당당하게 경쟁하고 있다. '따라잡기'에서 '뛰어넘기'로 가고 있다.

기적은
도전이라는
에너지를 먹고산다

도전이 없으면 기적도 없다
나는 고통이라 써놓고 성공이라 읽는다

도깨비 방망이,
금 나와라, 뚝딱! 은 나와라, 뚝딱!

도깨비는 이렇게 주문을 건다.

도전 방망이,
성공 나와라, 뚝딱! 행복 나와라, 뚝딱!

나는 이렇게 주문을 건다.

도전에는 And는 있어도 End는 없다

도전은 불가능을 기능으로 바꾸는 작업이다

'스트라디바리우스'는 바이올리니스트라면 누구나 꿈꾸는 명기다. 스트라디바리우스는 18세기 이탈리아의 바이올린 마스터인 안토니오 스트라디바리(1644~1737)와 그 일가가 만든 바이올린을 가리킨다.

'동양의 스트라디바리'로 불리는 세계적인 바이올린 제작자가 바로 진창현(1929~2012)이다. 그는 세계에서 5명뿐인 '마스터 메이커'로 인정받고 있는 바이올린 장인이었다. 1976년 미국에서 열린 '국제 바이올린, 비올라, 첼로 제작자 콩쿠르'에서 6개 부문 중 무려 5개 부문을 석권했다. 이후 1984년 미국 바이올린 제작자협회로부터 세계에서 5명뿐인 '마스터 메이커' 칭호를 받았다.

그가 바이올린 제작에 관심을 갖게 된 것은 일본에서 대학을 다니다가 어느 날 듣게 된 '바이올린의 신비'라는 강연 때문이었다. 그 강연에서, 그는 명기 스트라디바리우스의 소리를 재현하는 것은 현대 기술로는 불가능하다는 말을 들었다. 그는 '불가능'이라는 말을 듣자 온몸에 전율을 느꼈다. '그렇다면 불가능한 일에 도전해보자'라는 생각에 바이올린 만드는 일에 뛰어들었다.

그날 이후로 그는 바이올린을 만들기 위해 바이올린 장인을 찾아다니기 시작했다. 한국 사람이라는 이유로 번번이 문전박대를 당하자, 바이올린 공장 직원들을 개인적으로 접촉하여 하나둘씩 배워나갔다. 그렇게 배운 방법으로 바이올린을 만들었다. 한번 몰두하기 시작하면 밥 먹는 일도, 잠자는 것도 잊고 미친 듯이 바이올린에만 매달렸다. 매일 새벽 2~3시까지 땀투성이가 되면서 열심히 일했다.

그를 세계적인 장인으로 이끈 것은 사방으로 가로막힌 암담한 현실이었다. 그 상황에서 우연히 듣게 된 스트라디바리우스의 소리, 그리고 '재현 불가능하다'는 말은 그의 도전 정신을 일깨웠다. 아이러니컬하게도 세상이 불가능하다고 한 말이 그로서는 가장 가능한 길이 된 셈이다.

마음에 와 닿는 시 한 편이 있어 소개한다.

모험이란

사람 앞에서 웃는다는 것은 바보처럼 보이는 위험을 무릅쓰는 것입니다.
다른 사람에게 다가가는 것은 그에게 속을 수 있는 위험을 무릅쓰는 것입니다.

사랑하는 것은 사랑을 보답받지 못할 위험을 무릅쓰는 것입니다.

믿는다는 것은 실망할지도 모르는 위험을 무릅쓰는 것입니다.

노력하는 것은 실패할지도 모르는 위험을 무릅쓰는 것입니다.

그러나 모험은 감행되어야 합니다.

아무 모험도 하지 않는 이들은

그 순간의 고통이나 슬픔을 피할 수 있을지는 모르나

배울 수 없고, 느낄 수 없으며, 변화될 수 없고,

성장할 수 없으며, 사랑할 수 없고, 진정으로 살아갈 수 없습니다.

자유는 모험한 후에 얻는 것입니다.

모험하는 자만이 자유를 얻게 되는 것입니다.

- 작자 미상,《멀리 가려면 함께 가라》중에서

　도전은 위험을 무릅쓰는 일이다. 도전에 위험이 따른다고 해서 도전을 피해서는 안 된다. 성공학의 대부인 스티븐 코비는 "가장 큰 위험은 위험 없는 삶이다"라고 했고, 좌절을 딛고 일어선 테니스 여제인 나브라 틸로바는 "시도하지 않는 것 자체가 실패다"라고 말했으며, 농구의 황제 마이클 조던은 "시도하지 않은 슛은 100% 실패"라고 강조했다.

도전은 콩나물에 물 주기다

콩나물을 길러본 적이 있는가? 전통적인 방식으로 콩나물을 기르는 방법은 이렇다. 먼저 콩나물시루 바닥에 짚을 깐다. 그 위에 콩나물 콩을 골고루 펼쳐놓는다. 그리고 아침, 점심, 저녁으로 정해진 시간에 물을 준다. 물을 주면 콩나물시루 바닥에 뚫려 있는 구멍을 통해 밑으로 물이 빠져나간다. 퍼부으면 퍼붓는 대로 물은 모두 아래로 흘러 나간다.

그런데 며칠 지나면 어느새 콩나물은 쑥쑥 자라 있다. 물이 고스란히 밑으로 흘러 내려간 줄만 알았는데, 콩나물이 무성하게 자라나 있는 것이다. 도전은 '콩나물에 물 주기'와 같다. 도전하다 실패하면 실패한 것 같지만, 사실 이는 실패가 아니다. 실패를 통해 또 다른 성공의 씨앗을 키우게 되기 때문이다. 중요한 점은, 콩나물은 정기적으로 물을 주어야 한다는 것이다. 콩나물은 아침, 점심, 저녁으로 정해진 시간에 물을 주어야 한다. 만약 콩나물에 물 주는 것을 깜빡 잊으면 잔뿌리가 생긴다. 스스로 살기 위해 물을 찾아 잔뿌리를 뻗는 것이다. 이런 콩나물은 상품성이 없어지고 가치가 떨어진다.

도전은 콩나물에 물 주기와 같다. 사람은 도전을 통해 성장한다. 도전이 없다는 것은 성장을 포기한 것이다. 도전은 주기적으로 이루어져야 한다. 계속 도전하라. 도전을 멈추는 것은 콩나물에 물 주기를 멈추는 것과 같다. 콩나물이 스스로 살기 위해 잔뿌리를 뻗는 것처럼, 사람도 도전을 멈추면 잔머리, 잔재주만 늘어나게 된다. 그러면 경쟁력이 떨어지고 결국 도태되고 만다.

전문가의 길에 과감하게 도전하라. 도진은 인생의 폭을 넓고 깊게 만든다. 삶의 의욕과 기쁨을 남달리 만든다. 물론 처음 시작은 어렵고, 누구나 망설이게 된다. 그러나 두려움이 없다는 것은 뇌가 손상된 증거임을 명심하자.

'And 정신'이 도전 정신이다

내 사무실에는 액자가 하나 걸려 있다. 사무실에 들어서면 가장 먼저 눈길이 닿는 곳에 걸어놓았다. 짧은 세 줄이지만, 도전에 대한 의연한 결의가 담긴 문구다.

> **'Do Do Do' 행동 전략**
>
> Do it now(즉시 하라).
> Do it without fail(반드시 하라).
> Do it until completed(될 때까지 하라).

몇 년 전 여름휴가 때 《일본 전산 이야기》를 읽었다. '불황기 10배 성

장, 손대는 분야마다 세계 1위, 신화가 된 회사'라는 부제가 붙은 책이
다. 일본 전산을 세계 최고 기업으로 만든 것은 '즉시 하라, 반드시 하라,
될 때까지 하라'라는 행동 철학이었다고 한다. '할 것이 생각나면 바로
실행에 옮기고, 반드시, 될 때까지 해야 한다'는 것이 이 책의 핵심이다.
그래서 이 책을 읽은 후 도전의 의지를 다지기 위해 내 사무실에 이 문
구를 담은 액자를 만들어 걸어놓았다.

성공한 사람의 행동 모토를 한마디로 말하면 '실행력'이라 할 것이다.
'아는 것'과 '행하는 것'은 분명히 다르다. 철학자 프랜시스 베이컨은
"아는 것이 힘이다"라고 했지만, 이 말은 틀렸다. 옛날에는 맞는 말이었
을지 모르지만, 지금은 아니다.

이 말이 맞는 말이 되려면 단어 하나가 더 들어가야 한다. "아는 것을
실천해야 힘이다." 아는 것에서 그쳐서는 안 된다. 반드시 행동으로 옮
겨야 한다.

도전에 End란 없다. And는 있어도 End는 없다는 말이다. 도전하고
또 도전하라. 될 때까지 도전하라.

나만의 도전 원칙 10가지

도전의 용기, 행동의 자신감, 결과에 대한 재미!

이 모든 것은 행동에서 나온다. 나만의 도전 원칙을 만들어보자.

1. **쉬운 것부터** : 쉬운 것에서 어려운 것으로

2. **단순한 것부터** : 단순한 것에서 복잡한 것으로

3. **해본 것부터** : 해본 것에서 안 해본 것으로

4. **금방 처리할 수 있는 것부터** : 금방 처리할 수 있는 것에서 시간이 많이
   걸리는 것으로

5. **필요한 것부터** : 필요한 것에서 필요하지 않는 것으로

6. **잘하는 것부터** : 잘하는 것에서 못하는 것으로

7. **아는 것부터** : 아는 것에서 모르는 것으로

8. **가까이 있는 것부터** : 가까이 있는 것에서 멀리 있는 것으로

9. **가벼운 것부터** : 가벼운 것에서 무거운 것으로

10. **작은 것부터** : 작은 것에서 큰 것으로

> 10km 가는 것은 고통이고
> 1km를 가는 것은 힘이 든다.
> 그러나
> 1cm를 가는 것은 식은 죽 먹기다.

'나나주의'
"~나 하자"라고 말하는 방법이다.

실패하는 사람이 쓰는 언어 습관이다.

'도도주의'
"이것도 하고, 저것도 하자"라고
말하는 방법이다.

성공하는 사람이 쓰는 언어 습관이다.

도전을 즐기는 사람은 도도주의로 산다

오리는 꽥꽥거리고, 독수리는 유유히 난다

오리는 하루 종일 땅만 처다보면서 꽥꽥 시끄러운 소리를 낸다.

"왜 난 가난한 집에서 태어난 거야. 꽥꽥!"

"경기가 너무 안 좋아. 꽥꽥!"

"누구 하나 도와주는 사람이 없어. 꽥꽥!"

이처럼 오리는 상황에 대한 불평, 현실에 대한 불만을 늘어놓는다.

그러나 독수리를 보라. 독수리는 땅을 보지 않고 하늘을 본다. 아무런 불평불만도 없다. 소리 없이 하늘을 유유히 날 뿐이다. 날아오르는 수고도 마다하지 않고, 변화무쌍한 바람이라는 시련에도 굴하지 않으며, 군소리 없이 높은 하늘을 유유히 난다. 꽥꽥거리며 불평불만을 쏟아내는 오리와 달리, 독수리는 바람이라는 시련마저 이용할 줄 안다.

얼마 전 TV에서 '청각장애 할머니의 끝없는 도전'이라는 제목으로 할머니를 소개했다.

70세가 넘은 할머니가 20대 젊은이들과 함께 빠른 비트 음악에 맞춰 힙합 댄스를 멋지게 추는 것이었다. 이 할머니가 주목받은 이유는 70대 할머니가 격렬한 동작을 펼치는 힙합 댄스를 춘다는 것뿐만이 아니라 소리를 듣지 못하는 청각장애인인데도 음악에 맞추어 정확한 리듬을 따라 춤을 멋지게 추기 때문이었다.

30년 전, 남편이 일찍 세상을 떠나고 어린 자식들을 먹여 살리기 위해 안 해본 일이 없었다. 10년 전에는 교통사고까지 당하게 되었고 그 후유증으로 청력을 잃게 되었다.

소리를 들을 수 없는 사람이 어떻게 춤을 출 수 있을까?

"느낌으로요. (소리의) 진동을 감각으로 느껴요. 소리를 듣지 못하니까 춤을 출 때도 속으로 박자를 맞추면서 춤을 춰요."

그녀는 몸의 불편함을 노력으로 극복했다고 한다. 장애가 있다고 해서 내 인생까지 장애인을 만들어서는 안 되겠다는 생각에 비장애인들이 도전하지 못하는 것에 도전하면서 열심히 살고 있다고 했다. 그녀는 춤뿐만 아니라 기타 연주, 특공무술까지 하고 있는데 최근에 그녀가 다시 시작한 것이 있다고 한다. 바로 보디빌딩이다. 국제 보디빌딩 대회에 출전하기 위해 지금 열심히 땀 흘리며 몸을 만들고 있다고 했다.

그녀는 땅만 처다보며 꽥꽥거리는 오리처럼 '나는 왜 이런 거야. 내 인생은 왜 이렇게 불행한 거야'라고 불평하지 않는다. 하늘을 유유히 나는 독수리처럼 자신에게 닥친 시련에도 굴하지 않고 인생을 즐기고 있다. 일도 하고, 춤도 추고, 기타 연주도 하고, 특공무술도 하고, 보디빌딩도 하는 도도주의로 살고 있다.

'나나주의'를 버리고 '도도주의'로 임하라

빌딩들이 서로 키 재기라도 하듯이 빽빽이 들어서 있는 여의도의 점심시간. 직장 근무자들이 빌딩에서 우르르 몰려나온다. '봇물이 터졌다'라는 말은 이럴 때 쓰라고 만들어진 말인가 보다. 서로 먼저 나가려고 앞 다퉈 빌딩을 나서는 모습이 마치 봇물이 터진 것 같다. 서너 명이 그룹을 지어 식당을 찾고 있었다.

그중 한 명이 앞서가는 동료에게 물었다. "선배, 오늘은 뭐 먹을 거예요?" 그러자 선배가 뒤를 돌아보더니 "아무거나"라고 말했다. 무엇을 먹어야 할지 결정하지 못한 것이다. 발길이 닿는 대로 걷다가 한 식당에 자리를 잡았다. 자리에 앉자마자 서로 음식 메뉴판을 보면서 한마디씩 한다.

"김치찌개나 먹을까?" "된장찌개나 먹자."

'~나 하자'라는 말을 습관적으로 쓰는 사람이 있다. 특별한 생각 없이 쓰는 말이다. 그러나 '~나 하자'라는 말은 더 좋은 다른 것을 할 수 있는데, 그것을 하지 못하니까 대신 "이거나 할까?" 하는 소극적인 표현이다. 소극적인 생각, 소극적인 자세가 '~나 하자'라는 말로 표현되는 것이다.

"뭐 하지? 장사나 할까? 이런 생각으로 장사를 시작하면 100% 실패합니다." 연 매출 700억의 흑자를 내고 있는 어느 식당 재벌 CEO가 한 말이다. 마땅한 게 없어서 식당이나 하겠다고 덤비면 무조건 실패한다는 것이다.

문제는 '~나 하자'라는 말에 있다. 잘할 수 있는 일을 해야 하는데, 딱히 그런 것이 없다. 그래서 너도 나도 쉽게 뛰어드는 것이 먹는장사다. 잘하는 일을 하는 게 아니라, 막연하게 '장사나 할까?' 하는 소극적인 자세로 임하기 때문에 100% 실패하는 것이다.

"밥이나 한번 먹자", "바람이나 쐬러 갈까?", "커피나 한잔 마시지 뭐." 이 말의 공통점은 '~나 하자'라는 말이다. '나나주의'로 사는 사람들이 즐겨 쓰는 말이다. "밥 한번 먹자, 바람 쐬러 가자, 커피 한잔 마시자"라고 해야지, 왜 쓸데없이 '~나'를 붙여서 말하는가?

'나나주의'를 버리고 '도도주의'로 바꿔라. '도도주의'는 이것도 하고 저것도 하는 적극적인 표현이다. 이제부터는 일도 하고, 놀기도 하고, 공부도 하자. 밥도 먹고, 커피도 마시고, 사람도 만나자.

'도도주의자'는 놀이터로 출근한다

백화점에서 운동기구를 판매하는 한 판매원은 손님이 "비싸요!"라면서 돌아설 때마다 이상하게 즐거운 표정이었다. 그 이유가 궁금해서 그녀에게 물었다. "손님이 그냥 가면 속상하지 않아요?" 그러자 그녀가 이렇게 말했다. "제 경험상, 평균적으로 열 명의 손님이 왔다 가면 그다음 열한 번째 손님은 상품을 구입합니다."

그녀는 거절당할 때마다 혼자 속으로 중얼거린다고 했다. '이제 다섯 명만 더 오면 된다.' 그러다가 또다시 거절당하면 '이제 네 명 남았다' 하고 속으로 생각한다고 했다. 그러고 나니 거절당하는 것이 오히려 즐거움으로 변하더란다. 피할 수 없으면 즐기라고 했다.

$1 : 1.6 : 1.6^2$이라는 공식이 있다. 일을 시켜서 하는 경우의 능률을 1이라고 하면, 일이 좋아서 하는 사람은 1.6배를, 일을 즐기면서 하는 사람은 1.6^2, 즉 일을 시켜서 하는 사람보다 2.56배를 해낸다.

일을 시켜서 하는 사람은 수동적인 사람이다. 일을 수동적으로 하는 사람은 잘해야 100%밖에 못한다. 일을 좋아하는 사람은 능동적인 사람이다. 능동적으로 임하는 사람은 160%를 해낼 수 있다. 일을 즐기는 사람은 능동적이고 자발적인 사람이다. 이런 사람은 256%의 성과를 만들어낸다.

일을 즐겨라. 그러면 재미는 덤으로 따라온다. 일을 의무적으로 하는 사람에게는 기쁨이 없다. 일이 짐이 되기 때문이다. 그런 사람에게 일은 노동일 따름이다. 그러나 일을 게임으로 전환하면, 일에 대한 스트레스가 오히려 즐거움으로 변한다. 앞에서 살펴본 백화점 판매원의 경우가 그렇다.

도전하는 사람은 일을 놀이로 만든다. 즉, 일터를 놀이터로 만든다. 일을 놀이처럼 즐기면서 한다. 스스로에게 물어보라. 나는 오늘 일터로 출근하는가, 아니면 놀이터로 출근하는가?

일을 게임으로 바꾸는 방법

일 – 즐거움 = 노동, 의무적이다, 힘들다, 따분하다.

일 + 즐거움 = 게임, 능동적이다, 쉽다, 재미있다.

어떻게 하면 일을 게임으로 만들 수 있을까?

1. 스스로 내기 게임을 해라.

> 나 홀로
> 내기 게임

첫 번째 고객은 남자다? 아니다, 여자다?

안경을 쓴 고객은 1시간 동안 몇 명이나 올까?

이 일을 15분 내에 마칠 수 있다? 없다?

스스로 내기 게임을 하면 일이 놀이로 바뀐다.

2. 마음속으로 동전 던지기를 해라.

> 동전
> 던지기

앞면이 나오면 "한다."

뒷면이 나오면 "그래도 한다."

주저하거나 망설일 때, 일이 내키지 않을 때,

마음속으로 동전을 던져라.

3. 또 무엇이 있을까? 자신만의 방법을 생각해보자.

동굴,
안이 어둡다. 출구가 없다.

희망이 없다.

터널,
안이 어둡다. 출구가 있다.

희망이 있다.

도전은 시련을 끌고 다닌다

시련은 동굴이 아니라 터널이다

'모든 진리는 세 단계를 거친다.' 쇼펜하우어가 한 말이다.

첫째, 조롱당한다.

둘째, 강한 반대에 부딪힌다.

셋째, 자명한 것으로 인정받는다.

어디에서 무엇을 하든, 도전을 하는 과정에 반드시 따라붙는 것이 시련과 고통이다. 조롱당하고 강한 반대에 부딪히는 것이다. 이를 견뎌내면 자명한 것으로 인정받는 것처럼 누구나 인정하는 성공자가 되는 것이다.

사업을 하고 있는 친구를 만났다. 경기가 어렵다 보니 많은 어려움을 겪고 있었다. "왜 이렇게 힘들게 사는지 모르겠다. 앞이 안 보여"라고 하면서 나에게 푸념을 털어놓았다.

어려움에 처해 있는 것은 분명 시련이요, 고통이다. 그러나 힘들다고 낙담하지 마라. 좌절하지도 마라. 시련과 고통은 극복하는 것이 아니라 견뎌내야 하는 것이다. 극복이라는 말에는 제압한다는 의미가 들어 있다. 더 큰 힘으로 꼼짝 못하게 하는 것이 제압이다. 견뎌내는 것은 같이 간다는 것이다. 그러면서 참고 기다리겠다는 말이다.

터널과 동굴의 공통점은? 안이 어둡다는 것이다. 그렇다면 이 둘의 차이점은? 터널은 출구가 있고, 동굴에는 없다는 점이다. 터널을 지나면 밝은 빛을 볼 수 있지만, 동굴은 갈수록 캄캄해진다. 만약 시련이 동굴이라고 한다면, 거기에는 희망이 없다. 절망만 있을 뿐이다. 그러니 출구를 만들기 위해서는 동굴을 더 파 들어가든가, 아니면 들어왔던 입구로 다시 돌아가야 한다. 하던 일을 포기하고 다른 일을 찾아야 한다는 말이다.

다행스럽게도 시련은 터널과 같다. 반드시 끝이 있다. 그래서 희망이 있다. 조금만 참고 견뎌내면 환한 빛을 볼 수 있다. 그러니 절망하거나 포기해선 안 된다. 터널에 진입하면 계속 가속페달을 밟아줘야 한다. 그래야 터널을 통과할 수 있다. 일을 포기하지 말고 꾸준한 노력으로 참고 견뎌내면 시련이 끝나는 날이 반드시 올 것이다.

한편, 시련은 짧게 끝나기도 하고, 어떤 때는 오래 지속되면서 끈질

기게 괴롭히기도 한다. 이럴 때는 짧은 터널과 긴 터널이 있다고 생각하라.

순천에서 열린 정원박람회에 가기 위해 고속도로를 탔다. 서울에서 천안까지는 터널이 하나도 없었다. 하는 일이 어려움 없이 잘 풀리고 있는가? 그렇다면 서울에서 천안을 달리는 경부고속도로와 같다. 이 구간에는 터널이 없다.

천안 이후부터는 터널이 하나둘씩 나타나기 시작했다. 목적지까지 가려면 이 터널을 통과해야 한다. 힘들고 어려운 일이 큰 고통 없이 지나갔는가? 짧은 터널을 지난 것과 같다. 힘들고 어려운 일이 오래가는가? 긴 터널을 달리고 있는 셈이다. '이번에는 길이가 긴 터널인가 보다'라고 생각하라.

또 힘든 일이 반복해서 일어나는 경우도 있다. 이럴 때는 터널이 많은 구간을 지나고 있다고 생각하라. 익산을 지나 순천으로 가는 고속도로에 접어들었다. 익산에서 순천까지는 짧은 거리이지만 터널의 개수가 굉장히 많다. 한 터널을 지나면 또 다른 터널이 나타난다. 그래서 몇 개나 되는지 세어보았다. 20개가 넘었다. 시련이 계속 닥치고 있는가? 시련 하나를 겨우 넘었더니 또 다른 시련이 찾아왔는가? 익산에서 순천으로 가는 고속도로를 달리고 있다고 생각하라. '이번에는 터널이 많은 코스인가 보다'라고 생각하라.

시련은 터널과 같다. 목적지까지 가기 위해서는 반드시 터널을 통과해야 한다. 지금 힘든 일을 겪고 있는가? 터널을 지나고 있다고 생각하라. 아직 끝이 보이지 않는가? 길이가 좀 긴 터널이라고 생각하라. 하지만 조금만 더 달리면 환한 빛을 볼 수 있을 것이다.

때가 되면 이 또한 지나가리라

작자 미상의 글 하나를 소개한다. 고통과 시련을 떠올리면 가장 먼저 생각나는 글이다.

내가 힘을 달라고 했습니다.

그랬더니 신은 나를 강하게 만드시려고 어려움을 주셨습니다.

내가 지혜를 달라고 했습니다.

그랬더니 신은 해결해야 할 문제를 나에게 주셨습니다.

내가 용기를 달라고 했습니다.

그랬더니 신은 극복할 위험을 주셨습니다.

내가 번영을 달라고 했습니다.

그랬더니 신은 나에게 두뇌와 팔다리를 주셨습니다.

내가 사랑을 달라고 했습니다.

그랬더니 신은 도움이 필요한 어려움에 처한 사람들을 주셨습니다.

내가 내 뜻대로 되는 행운을 달라고 했습니다.

그랬더니 신은 내게 기회를 주셨습니다.

내가 원하는 아무것도 받지 못했습니다.

그렇지만 내가 필요한 모든 것을 받았습니다.

어려움을 견뎌냈더니 내가 강해졌고, 문제를 해결했더니 삶의 지혜가 생겼다. 위험을 극복했더니 '위험도 별것 아니네' 하는 용기가 생겼고, 머리와 팔다리가 있었기에 성공할 수도 있었다. 그래서 모든 것을 얻었다. 고난과 위험과 역경을 이겨냈더니, 내가 원하는 모든 것이 저절로 오게 되었다는 말이다.

'시련은 조물주가 만들어놓은 성장통'이라고 한다. 조물주가 무엇인가 좋은 것을 주려고 마음먹었을 때 먼저 주는 것이 시련이란다. 시련과 고통은 때가 되면 지나가기 마련이다. 오늘의 시련도 때가 되면 지나가리라고 마음속으로 주문을 외워보라.

'왼쪽 법칙'으로 견뎌라

'오른쪽 법칙'이란 게 있다. 우리는 글을 읽을 때 왼쪽에서 오른쪽으로 읽는다. 이 책도 왼쪽에서 오른쪽으로 읽고 있을 것이다. 처음부터 습관을 그렇게 들였기 때문이다. 이것이 '오른쪽 법칙'이다.

반대로 '왼쪽 법칙'이 있다. 글을 읽을 때 오른쪽에서 왼쪽으로 읽는 것이다. 기존의 습관과 반대 방향으로 해보는 것이다. 그러면 전혀 새로운 의미를 발견하게 된다. 나는 이것을 '왼쪽 법칙'이라 한다.

'자살'이라는 글자를 보라. 왼쪽에서 오른쪽으로 읽으면 글자 그대로 '자살'이 된다. 희망도, 삶의 의미도 없다. 그래서 극단적인 방법을 선택한 것이 자살이다. 이것을 오른쪽에서 왼쪽으로 읽어보라. '살자'가 된다. 희망이 보이고, 의욕이 생겼다. 살아야 할 이유가 생긴 것이다.

힘든 일이 있을 때마다 오른쪽 법칙을 왼쪽 법칙으로 바꿔보라.

'역경'을 왼쪽으로 읽어보라. '경력'이 된다. 힘들고 괴로운 역경을 이겨내면 화려한 경력으로 바뀐다. 남다른 경력을 가지고 있는 사람들은 모두 역경을 이겨낸 사람들이다. 기존에 해오던 것은 편하다. 익숙하기 때문이다. 하지만 편한 방법, 익숙한 것에만 의존하다 보면 역경이 따를 수밖에 없다. 기존에 해오던 것을 다른 방법으로 접근해보라. 전혀 다른 세상이 열릴 것이다. 이것이 왼쪽의 법칙이다.

'대기'를 오른쪽이 아니라 왼쪽으로 읽어보라. '기대'가 되지 않는가. 기대하시라. 오늘의 시련이 내일은 행복이 될 테니까.

내 인생의 멘토 만들기

힘들고 어려운 역경을 이겨내고 성공한 사람들을 찾아보자.

그들의 인생 성공 포인트는 무엇인가?

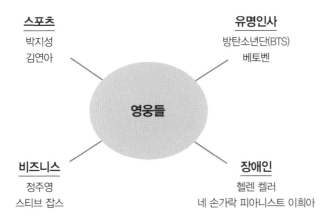

내 인생의 멘토

번호	멘토	분야	이유
1			
2			
3			
4			
5			

물 먹는 하마,

옷장에 넣어두면

습기를 쫘~악 빨아들인다.

옷이 뽀송뽀송해진다.

짜증 먹는 하마,

마음속에 넣어두면

짜증을 쫘~악 빨아들인다.

마음이 뽀송뽀송해진다.

마음속에 하마 한 마리를 키워라

시련은 추억을 만들고, 고통은 스토리를 만든다

'위대한 기업은 태어나는 것이 아니라 만들어지는 것'이라고 한다. HP를 보면 그 말이 사실인 것 같다. HP는 캘리포니아 팰로앨토의 빌 휴렛의 집에 딸린 작은 차고지에서 시작했다. 하지만 그때는 HP가 세상을 변화시킬 기업이 되리라고 아무도 알아차리지 못했다. 1989년, 이곳은 유적 보호지로 지정되었고 실리콘밸리의 발상지로 선포되었다. HP는 '시작은 미약하나 나중에는 창대하리라'라는 스토리를 만들었다. HP가 처음 시작했던 자리는 실리콘 발상지라는 추억이 되었고, 실리콘밸리의 유적 발상지라는 스토리를 만들었다.

세일즈 왕 조 지라드(Joe Girard)는 "세일즈맨은 태어나는 것이 아니라 만들어진다"라고 했다. 태어나면서부터 세일즈맨의 재능을 가지고 태어나는 것이 아니라, 교육과 훈련을 통해 만들어진다는 뜻이다. 이 말을 바꾸면 이렇게 된다. "성공하는 이는 태어나는 것이 아니라 만들어진다." 교육과 훈련을 받는 기간은 시련의 시간이었는지 모르지만, 성공하고 나면 시련은 추억이 되고 고통의 과정은 성공담을 담은 스토리가 된다.

술자리에서 여자들이 싫어하는 이야기 세 가지가 있다면, 군대 이야기, 축구 이야기, 군대에서 축구한 이야기다. 그런데 왜 남자들은 군대 이야기만 나오면 그렇게 열변을 토하는 것일까? 거기에는 시련과 고난이 담겨 있기 때문이다. 군 복무 기간은 참고 견뎌야 하는 인내의 시간이었지만, 세월이 지나고 나니 시련은 아련한 추억이 되었고 고통은 영웅담을 담은 스토리가 된 것이다.

폭풍우를 견뎌내라. 과일은 여름의 폭풍우를 견뎌내야 가을에 맛있는 열매로 성장한다. 시련과 고통을 견뎌내라. 젊었을 때 시련과 고난을 겪어봐야, 시간이 지난 후 아름다운 추억과 영웅을 담은 스토리를 만들 수 있다. 힘들고 어려운가? 당신은 지금 아름다운 인생 스토리를 만들고 있는 것이다.

'고통'이라 써놓고 '성공'이라 읽는다

정상의 자리에 앉은 사람은 화려하고 여유롭고 의연해 보인다. 그러나 그들의 삶을 들여다보라. 그들은 영예의 크기만큼이나 엄청난 역경과 고통을 견뎌내야 했다. 영광의 자리에 앉은 사람들이 이구동성으로 말한다. "고통이라 쓰고 성공이라 읽는다"고.

무지개는 하늘이 눈물을 흘리고 난 후에야 펼쳐지는 아름다움이다. 겨울에 하늘에서 내리는 하얀 눈은 봄, 여름, 가을을 오랜 기다림으로 견뎌온 사람만이 느낄 수 있는 행복이다. 참고 견디는 사람에게만 아름다운 무지개가 펼쳐지고, 환상적인 겨울의 눈을 볼 수 있는 행복이 주어진다.

유명한 영화에는 명대사가 한두 마디는 나오게 마련이다. "You want to see a miracle? Be the miracle." 영화 〈브루스 올마이티〉에 나오는 명대사로, 내가 가장 좋아하는 영화 대사이기도 하다. 문구 그대로 직역하면 "기적을 보고 싶은가? 기적이 되라"라는 뜻이다. 이를 의역하면 "기적을 원하는가? 기적을 바라지 말고 스스로 기적을 만들어라"라는 뜻이 된다. 고통과 고난을 이겨내서 스스로 변화하면 그것이 곧 기적이 된다는 말이다.

"Did you ever put it on the line?(너의 전부를 걸어보았는가?)" 영화 〈리틀 러너〉에 나오는 명대사다. 사고뭉치 중학생 제자를 돕는 스승 신부에게 교장 신부가 그를 그만 도와주라고 하자, 스승 신부가 교장 신부에

게 한 말이다. "훗날 주님이 저에게 이렇게 물으실 것만 같습니다. 너의
전부를 걸어보았는가?"

박신양과 전도연이 주인공으로 등장했던 〈약속〉이라는 영화가 있었
다. 이 영화에 이런 명대사가 나온다.

전도연 : 싸움을 잘하려면 어떻게 해야 돼요?

박신양 : 즐겨야 돼요.

전도연 : 때리는 걸요?

박신양 : 아뇨, 쥐어터지는 거요.

여자 주인공 전도연의 질문에 남자 주인공 박신양의 대답은 의외로
단순했다. 싸움을 잘하는 비결은 맞고 터지는 것을 즐겨야 한다는 것이
다. 그래야 두려움이 없어진다는 것이다. 이 말이 내 귀에는 성공하려면
맞고 터지는 것을 즐겨야 한다는 말로 들린다. 그래야 고통과 시련에 대
한 두려움이 없어진다.

하마 한 마리를 키워라

나는 하마를 몇 마리 키우고 있다. 그 큰 동물을 어떻게 키울까 싶겠
지만, 사실은 조그만 동물이다. 동네 슈퍼마켓에서 쉽게 구입할 수 있

다. 바로 습기 먹는 하마, 냄새 먹는 하마다. 그리고 짜증 먹는 하마는 그냥 공짜로 얻었다.

장마철이 되면 가장 큰 골칫거리가 습기다. 습기로 인해 곰팡이가 생기고 짜증까지 생겨난다. 이것들을 잡기 위해 하마를 키우기 시작했다. 가장 먼저 옷장에 물 먹는 하마를 한 마리 넣어두었다. 그랬더니 이 녀석이 습기를 쫘악 빨아들여 옷을 뽀송뽀송하게 만들었다.

이번에는 냉장고에 냄새 먹는 하마를 한 마리 넣어두었다. 그랬더니 이 녀석 또한 각종 냄새를 쫘악 빨아들이는 것이 아닌가. 고약한 냄새가 없어졌다. 신이 났다. 그래서 내 마음속에도 짜증 먹는 하마를 키우기로 했다. 벌써 몇 년째 되었다. 이 녀석은 좌절할 때, 낙담할 때, 신경질 날 때, 짜증날 때, 화가 날 때마다 못된 감정들을 쫘악 빨아들인다. 이 녀석 덕분에 내 얼굴에는 날마다 웃음꽃이 피어났다.

PGA 챔피언 닉 프라이스(Nick Price)도 마음에 하마를 한 마리 키우고 있었다. 그는 골프가 잘 풀리지 않으면 휘파람을 분다. 휘파람을 불고 나면 놀랍도록 골프가 잘된다면서 휘파람으로 자신의 감정을 조절한다 했다. 골프는 멘탈 게임이라, 기분이 망가지면 골프도 망가진다. 골프 선수는 어떤 경우에도 냉정을 잃지 않으려고 노력한다. 그래서 골프 선수들이 마인드 컨트롤 훈련을 하는 것이다. 마찬가지로, 인생도 멘탈 게임이다. 기분에 따라 결과가 달라지기 때문이다. 실수는 냉정하지 못할 때 일어나고, 비극은 감정이 격할 때 일어난다.

뉴스를 통해 작은 다툼이 격한 감정이 되어 살인을 부르는 사건을 심심찮게 접한다. 감정을 조절하지 못하기 때문에 일어나는 비극이다. 기회는 격한 감정 때문에 잃게 된다. 성숙하지 못한 행동에는 여러 가지가 있지만, 그중에서도 냉정하지 못한 것이 가장 치명적이다. '부러워하면 지는 것이다'라고 했다. 감정을 조절하지 못하면 지는 것이다.

내가 키우고 있는 하마를 여러분에게 분양해주려고 한다. 희망하는 사람은 손 들어라. 선착순이다. 당신도 하마 한 마리를 키워보길 권한다. 분명 마음속의 악취 나는 기분들을 쫘악 빨아들여 뽀송뽀송하게 만들어줄 것이다.

고통 속에서 희망 찾기

곧 일어날 수 있는 좋은 일을 하나만 떠올려보라.

오늘이 가기 전에 일어날 좋은 일, 일주일, 한 달 내에 일어날 좋은 일을 하나만 생각해보라.

1. 오늘이 가기 전에 일어날 좋은 일

(예) 초등학교 친구와 30년 만의 만남

2. 일주일 내에 일어날 좋은 일

(예) 3개월 프로젝트 마감

3. 한 달 내에 일어날 좋은 일

(예) 일주일 해외 출장

아주 작은 사소한 것일지라도
곧 일어날 좋은 일을 생각해보라.
그러면 고통 속에서도 희망을 찾을 수 있다.

햄릿형,
저지르는 것을 두려워한다.

얻는 게 아무것도 없다.

돈키호테형,
저지르는 것을 즐긴다.

얻는 게 무궁무진하다.

좌우지간으로 승부하라

행동형 돈키호테냐, 사색형 햄릿이냐?

우리가 잘 알고 있는 작품 중에 《돈키호테》와 《햄릿》이 있다. 《돈키호테》는 스페인의 세르반테스(1547~1616), 《햄릿》은 영국의 셰익스피어(1564~1616)가 썼다. 두 사람은 같은 해, 같은 날 죽었다. 참 재미있는 우연이다. 그러나 그들이 쓴 작품의 주인공은 정반대다. 돈키호테는 좌충우돌 행동형이고, 햄릿은 지나치게 소심한 사색형이다.

여기서 한 가지 중요한 사실을 발견하게 된다. 실패자는 대부분 햄릿형이라는 것이다. 저지르는 데 익숙하지 않을뿐더러, 저지르는 것을 두려워한다. 그러니 얻는 것도 없다. 성공자는 대부분 돈키호테형이다. 저지르는 것을 두려워하지 않으며, 실패는 실패가 아니라고 생각한다. 그래서 그들은 성취한다.

내가 처음 강사 생활을 시작할 때였다. 30대 중반에 잘나가던 직장을 박차고 나와 '독립 만세'를 불렀다. 〈박수칠 때 떠나라〉라는 영화 제목처럼, 한참 능력을 인정받고 있을 때 혹독한 세상으로 나와 홀로서기를 했다. 그때는 불러주는 곳이 없었다. 그래서 하루에 한 곳씩 찾아다니기로 했다. 강의 제안서를 들고 하루에 한 명씩 교육 담당자를 찾아다니며 눈도장을 찍었다.

그렇게 보름 정도 지났을 즈음, 하루는 갈 곳이 없었다. 밖에는 가랑비가 부슬부슬 내리고 있었다. '비도 오는데 오늘은 사무실에 앉아서 강의 준비나 할까?' 하는 생각이 들었다. 그때 마음속에서 '무슨 소리야. 하루에 한 명 만나기로 했으면 죽어도 나가야지' 하는 호통 소리가 들렸다. 화들짝 놀라 문을 박차고 밖으로 나갔다. 그러나 갈 곳이 없었다. 무작정 걷기 시작했다.

발길이 닿는 대로 터벅터벅 걷다 보니, 광화문에서 종로6가까지 걷고 있었다. 별의별 생각이 들었다. 한편으로는 비참하기도 했다. 그러나 한편으로는 오기가 생겼다. 이렇게 대책 없이 무식하게 접근해서는 안 되겠다는 생각이 들었다. 그래서 그날부터 찾아가야 할 회사의 목록을 작성하고, 교육 담당자의 정보 카드를 만들기 시작했다.

눈물 젖은 빵을 먹어본 적이 있는가? 눈물 젖은 빵을 먹어보지 않았으면 인생을 논하지 말라고 했다. 어렵고 힘든 시절의 고통과 괴로움을 모르기 때문이다. 길거리를 헤매본 적이 있는가? 길거리를 헤매본 적이 없다면 인생을 얘기하지 마라. 갈 곳을 만들어야 한다는 절실함을 모르기 때문이다.

당시 무작정 길거리로 뛰쳐나올 만한 혈기가 있었기에 오늘의 내가 있을 수 있었다. 대책 없이 길거리를 헤매는 무모함이 있었기에 지금처럼 전국을 누비면서 강의를 하는 강사가 될 수 있었다.

누군가 이렇게 말했다. "엉덩이를 붙이고 앉아서는 시간의 모래에 발자국을 남길 수 없다." 지금 당장 벌떡 일어나라. 세상은 저지르는 자의 것이다. 발버둥이라도 쳐라. 그러면 먼지라도 일어난다.

'다음에'는 악마의 속삭임이다

얼마 전 저녁 모임이 있었다. 예전에 다니던 직장 동료들과의 만남이었다. 선배와 후배가 함께 모여 이런저런 얘기를 하다가, 자기계발에 대해 이야기하게 되었다. 오래전 후배 하나가 MBA에 가겠다고 했던 얘기가 생각나 그에게 물었다. "이제 MBA 졸업했겠네?" 그랬더니 그는 "아뇨. 아직 시작도 못했어요"라고 하는 것이었다. 다음에, 다음에, 하다가 시작도 못하고 세월만 흘렀다고 했다.

그의 이야기를 들으니, 인터넷에 올라온 어느 학생의 시험공부 7단계가 떠올랐다.

1. 집에 가서 해야지

2. 밥 먹고 해야지

3. 배부르니 좀 쉬었다 해야지

4. 지금 보는 TV만 보고 해야지

5. 밤새워서 열심히 해야지

6. 내일 아침에 일찍 일어나서 해야지

7. 이런 젠장!

안 하겠다는 말은 하나도 없다. '조금만, 조금만' 하다가 마지막까지 시험공부를 못했을 뿐이다.

한 잡지에 '실패 패밀리'라는 제목으로 사진이 한 장 실렸다. 사진 밑에는 가족들의 이름이 적혀 있었다. 아버지의 이름은 '다음에'다. 입만 열면 "다음에 하자, 다음에 갈게"라고 한다. 아내의 이름은 '내일부터'다. "내일부터 할 거야, 내일부터 하기로 했어"라는 말을 입에 달고 산다. 하지만 하는 것은 하나도 없다. 아들 이름은 '조금만 이따가'다. "조금만 이따가 해야지, 조금 이따가 할 거야"라고 입버릇처럼 말한다. 그러면서 하는 것은 아무것도 없다.

다이어트 데이를 아는가? 2월 14일? 3월 14일? 정답은 '내일'이다. 대부분의 사람들이 오늘까지만 먹고 내일부터 다이어트하겠다고 한다. 그래서 '내일'이 다이어트 데이가 된 것이다. 오늘까지만 먹고 내일부터 다이어트를 하겠다고 하는 사람 중에 다이어트에 성공한 사람은 한 명도 없다.

자신을 구조조정 하라. 구조조정은 기업에만 있는 것이 아니다. 나에게도 구조조정이 필요하다. 경쟁력을 떨어뜨리는 요소를 찾아라. 그리고 그것을 즉각 정리해고 하라.

가장 먼저 '다음에'를 정리해고 하라. 가장 못된 놈이다. 경쟁력에는 암적인 존재다. "너, 오늘로 해고야"라고 통보하라.

다음으로 '내일부터', '나중에', '조금만 이따가'라는 녀석들을 정리해고 하라. 뒤봐야 도움이 안 되는 녀석들이다. 경쟁력만 떨어뜨리는 녀석들이다.

'다음에'는 악마의 속삭임이다. 악마의 달력에는 '다음에', 천사의 달력에는 '지금 당장'이라고 쓰여 있다. 지금 당장 악마의 달력을 떼어버리자. 그리고 그 자리에 천사의 달력을 붙여놓자. '지금 당장!'

'좌우지간'과 'Just do it'으로 승부하라

'Just do it!'
미국의 스포츠용품 제조회사 나이키의 광고 카피다. '그냥 해봐, 일단 한번 해봐!' 주저하지 말고, 망설이지 말고 일단 해보라는 것이다. 무엇에 막히든, 누가 간섭하든, 일단 해보면 느끼는 점이 생긴다. 그러면 무엇인가 얻게 된다. 이것이 'Just do it'이 의미하는 것이다.

우리나라 말에 '좌우지간'이란 말이 있다. 이 말에는 주저하지 말라는 뜻이 들어 있다. 고민만 하면서 앉아 있지 말라는 뜻이다. 좌우지간 행동하고, 현장에서 문제를 해결하라는 말이다.

'Just do it'과 '좌우지간'은 쌍둥이다. 이란성 쌍둥이라고 하는 편이 더 정확할 것이다. 국적만 다를 뿐이다. 'Just do it'은 출생지가 미국이고, '좌우지간'은 출생지가 한국이다. 그런데 이 두 녀석이 생각하고 지향하는 것은 똑같다. 일단 해보라는 것이다. 그러면 무엇인가 얻게 된다.

부자들의 행동 원칙 중에 하나가 '좌우지간 작전'이다. 부자가 되려면 굴러들어 온 떡만 먹으려 해선 안 되고, 떡이 없으면 나가서 떡을 만들어야 한다. 이것이 부자가 되는 방법이다. '좌우지간 작전'은 굴러들어 온 떡을 기다리는 것이 아니라 떡을 만들기 위해 밖으로 나가는 행동이다.

'좌우지간 작전'에는 3대 원칙이 있다. 시간 불문, 장소 불문, 날짜 불문이다. 시간을 가리지 마라. 아침 시간이든, 저녁 시간이든 좌우지간 해보라. 장소도 가리지 마라. 밖이든 안이든, 어디서든 해보라. 날짜를 가려서도 안 된다. 월초는 물론이고, 월말이 되었다고 해도 일단 행동하라. 'Just do it', '좌우지간' 부딪쳐보자.

자신을 구조조정하기

내 마음속에는 두 종류의 구슬이 있다. 하나는 긍정의 구슬, 다른 하나는 부정의 구슬이다. 긍정의 구슬을 꺼내면 결과가 긍정적이다. 그러나 부정의 구슬을 꺼내면 결과가 부정적이다. 내 마음을 구조조정 하라. 부정적인 것을 제거하고 그 자리를 긍정적인 것으로 채워라.

버려야 할 부정적인 것들

1.

2.

3.

4.

5.

채워야 할 긍정적인 것들

1.

2.

3.

4.

5.

용두사미(龍頭蛇尾),

머리는 용의 머리,

꼬리는 뱀의 꼬리다.

초심만 있고, 뒷심이 없는 사람이다.

용두용미(龍頭龍尾),

머리도 용의 머리,

꼬리도 용의 꼬리다.

초심도 강하고, 뒷심도 강한 사람이다.

주변 사람들에게 떠들고 다녀라

어떻게 초심을 지킬 수 있을까?

용두사미(龍頭蛇尾)라는 말이 있다. 머리는 용의 머리지만 꼬리는 뱀의 꼬리라는 뜻이다. 처음 시작은 거창했으나 마무리가 흐지부지되는 것을 뜻한다. '용두사미'하면 '용두사망'하게 된다. 용두사망이란 무엇인가? 처음에는 잘나가다가 말년에 안 좋게 끝나는 것을 의미한다.

용두사미의 친구가 '작심삼일'이다. 무엇인가 하겠다고 결심하자마자 3일도 안 되어 흐지부지되는 것이다. 용두사미가 되지 않게 하라. 그렇다면 어떻게 해야 할까? 용두사미의 친구, '작심삼일'을 이용하면 된다.

《삼년고개》라는 동화를 아는가? 이 고개에서 넘어지면 3년밖에 살지 못한다. 그러나 주인공은 이것을 역으로 이용했다. 한 번 넘어질 때마다 3년씩을 살 수 있으니까, 오히려 넘어지고 넘어져서 장수하게 되었다는 이야기다.

용두사미하지 않으려면 작심삼일하자. 3일마다 작심하는 것이다. 3일마다 새롭게 시작하는 것이다. 일주일을 둘로 나눠서, 월요일에 새로 시작하고 목요일에 새롭게 시작하면 된다.

한 가지 방법이 더 있다. 무언가 하겠다고 결심한 내용을 종이에 적어서 가장 잘 보이는 곳에 붙여놓는 것이다. 그러면 날마다, 수시로 보면서 잊지 않게 된다. 손길이 닿는 곳에, 눈길이 닿는 곳에 결심 내용을 적은 메모지를 붙여놓아라. 그리고 그 종이 위에 생각날 때마다 메모하고 또 메모하라. 그러면 어떻게 접근하고 공략할 것인지 방법이 보인다.

이것이 바로 '용두사미'를 '용두용미'로 만들고, '용두사망'을 미연에 방지하는 방법이다.

무슨 일을 하든지 초심이 중요하다. 1년을 시작하면서, 한 달을 시작하면서, 하루를 시작하면서 처음 갖는 마음이 초심이다. 초심에는 열정이 담겨 있다. 의욕이 담겨 있다. 도전이 담겨 있다. 처음 시작할 때의 그 결심, 그 마음을 잃지 마라.

'뒷심 법칙'을 아는가?

《영혼을 위한 닭고기 수프》는 전 세계 150개국, 47개 언어로 번역되어 4천만 독자의 사랑을 받은 전 세계적인 베스트셀러다. 이 책으로 인해 밀리언셀러를 뛰어넘어 메가셀러(mega seller)라는 신조어가 만들어지기도 했다. 그런데 이 책이 출간된 과정은 순탄치 않았다.

이 책의 저자는 잭 캔필드와 마크 빅터 한센인데, 원고를 마무리하고 책을 출간해준 출판사를 찾았다. 처음 찾아간 출판사에서 매몰차게 거절당했다. 두 번째, 세 번째 찾아간 출판사에서도 마찬가지였다. 그래도 그들은 출판사 문을 계속 두드렸다. 33군데를 찾아다녔지만, 모두 '안 된다'는 거절뿐이었다. 그래도 그들은 포기하지 않았다. 그들은 또다시 출판사를 찾아 나섰고, 다행히도 34번째 출판사로부터 출간하겠다는 허락을 받았다. 33번의 거절 끝에 출간된 이 책은 전 세계적인 베스트셀러가 되었다. 33번을 거절당하고도 그들을 도전하게 만든 힘은 무엇이었을까? 나는 이것을 '뒷심'이라고 부른다. 어떤 사람은 '근성'이라고도 한다.

사람에게는 4가지 마음이 있다. 초심, 열심, 뚝심, 뒷심이다. 어느 하나 중요하지 않은 것이 없다. 그중 가장 중요한 것이 뒷심이다. 물론, 처음 시작했던 초심을 잃지 말아야 한다. 땀 흘리는 열심도 있어야 한다. 고난과 역경에 굴하지 않는 뚝심도 필요하다. 그러나 성공자에게 반드시 필요한 마음이 뒷심이다. 끝까지 포기하지 않고 물고 늘어지는 뒷심이 있어야 한다.

《영혼을 위한 닭고기 수프》의 저자가 책을 쓰기 시작하고 내용을 다듬어 원고를 마무리하기까지는 초심과 열심이라는 두 마음이 작용했을 것이다. 원고를 탈고하고 나서 출판사를 찾아 나섰을 때 '안 된다'는 거절에도 불구하고 33군데의 출판사 문을 두드렸던 데는 뚝심이 작용했을 것이다.

그러나 33번 거절당하고 도전을 멈춰버렸다면 어떻게 되었을까? 마지막 34번째 출판사의 문을 두드리지도 않았을 것이고《영혼을 위한 닭고기 수프》라는 책은 태어나지도 못했을 것이다.《영혼을 위한 닭고기 수프》라는 책에는 뒷심이 있었다. 바로 이 뒷심이 작용했기 때문에 책이 세상에 나와 빛을 보게 되었고, 전 세계적인 베스트셀러가 될 수 있었다.

'뒷심의 법칙'이 있다. '147/805법칙'이 그것이다. 최초로 전기를 개발한 토머스 에디슨은 147번 실패했고, 최초로 비행기를 개발한 라이트 형제는 무려 805번의 실패 끝에 성공을 거두었다. 그래서 에디슨은 이런 명언을 남겼나 보다. "인생에서 실패한 사람들은 대부분 그들이 포기하는 그 순간, 자신이 성공에 얼마나 가까이 왔는지 깨닫지 못한다."

대부분의 사람들은 뒷심이 약하다. 한 번만 더 노력하고 한 번만 더 밀어붙이면 되는데, 뒷심이 약하기 때문에 마지막 단계에서 포기하고 만다. 성공의 신은 언제나 조금씩 늦게 나타난다는 사실을 모르기 때문이다. 될 때까지 두드리고 또 두드려라. 이것이 뒷심이다.

소문을 내서 울타리를 쳐라

'1년에 책을 1권씩 쓰겠다'는 것이 내 도전 목표다. 이 목표 덕분에 나는 지금까지 18권의 책을 썼다. 책이 출간된 주기를 보면 1년 6개월마다 1권씩 나온 것 같다. 1년에 책을 1권씩 쓰겠다는 것이 목표인데, 1년 6개월 만에 책을 1권씩 냈다면 목표를 지키지 못한 게 아니냐고 할지도 모르겠다. 그러나 나는 이것이 실패가 아니라고 생각한다. 아니, 성공이라고 강조한다. 1년에 1권씩 쓰겠다는 목표를 지키려 노력한 결과, 18권의 책이 나왔기 때문이다.

나는 주변 사람들에게 내 목표를 떠들고 다닌다. 되도록 많은 사람들에게 '1년에 1권씩 책을 쓰겠다'는 목표를 떠들고 다닌다. 내 자랑을 하기 위해서도, 나를 나타내기 위해서도 아니다. 내 자신에게 족쇄를 채우기 위해서다. 주변 사람들을 내 감시자로 활용해서 내 자신을 채찍질하겠다는 의지의 표현이다.

내 마음에 나약한 마음이 침입하지 못하게 하라. 결심을 깨뜨리는 바이러스가 침입하지 못하게 하라. 가장 좋은 방법은 소문을 내는 것이다. 주변 사람들에게 도전 목표와 생각을 알려라. 이것이 내 마음에 울타리를 치는 방법이다. 동물은 다른 동물이 영역에 침입하지 못하게 하기 위해서 영역 표시를 한다. 나는 내 마음에 나약함이 침입하지 못하게 하기 위해서 소문을 퍼뜨려 울타리를 친다.

혼자 한 약속은 깨지기 쉽다. 혼자만 간직하고 있는 약속은 지키기가 어렵다. 그래서 주변 사람들을 활용하는 것이다. 자기와의 싸움에서 지지 않기 위해 소문을 내라. 초심을 지키고 뒷심을 키우기 위해 주변 사람들에게 소문을 내서 주변 사람들을 내 행동의 감시자로 활용하라.

내 생각과 목표를 되도록 많은 사람들에게 알려라. 내가 무엇을 하는지 주변 사람들이 알게 되면 체면 때문에라도 중간에 포기하는 일은 없어진다. 주변 사람들에게 내 도전 목표를 떠들고 다니면 결국 내 자신에게 채찍질하는 셈이다.

말하지 않은 좋은 생각은 좋은 생각이 아니라고 했다. 되도록 많은 사람들에게 떠들어라. 초심을 지키고 뒷심을 키우는 방법 가운데 하나가 주변 사람들에게 소문을 내는 것이다.

4가지 마음 키우기

　사람들에게는 4가지 마음이 있다. 바로 초심, 열심, 뚝심, 뒷심이다. 어느 것 하나 중요하지 않은 것은 없다. 이 4가지 마음을 강하게 할 수 있는 방법을 찾아보자.

초심
1.
2.
3.

열심
1.
2.
3.

뚝심
1.
2.
3.

뒷심
1.
2.
3.

기적은
자기최면으로
완성된다

날마다 자기최면을 걸어라
작은 성과를 날마다 자축하라

미인,
이목구비가 또렷한 사람이다.

이목구비가 또렷해서
이목이 집중된다.

프로,
이목구비를 명확히 하는 사람이다.

이목구비가 명확해서
이목이 집중된다.

이목구비로 자기최면을 걸어라

이목구비가 또렷하면 이목이 집중된다

얼굴에는 이목구비, 즉 귀가 있고, 눈이 있고, 입이 있고, 코가 있다. 이목구비가 또렷한 사람을 일컬어 미인 또는 미남이라고 한다. 인생을 사는 것도 마찬가지다. 이목구비를 또렷이 하는 사람을 일컬어 프로라 하고, 이목구비가 두루뭉술한 사람은 아마추어라고 한다.

이목구비를 또렷이 하는 사람이란 귀로 듣는 것과 눈으로 보는 것을 다르게 하고, 입으로 말하는 것과 오감으로 느끼는 것을 다르게 하는 사람이다. 귀, 눈, 입, 코를 통해서 자기에게 긍정적으로 최면을 거는 사람은 경쟁력이 강하다.

자기최면에 '이목구비 작전'을 활용해보라.

이(耳)는 귀로 듣는 것이다.

밝고 명랑한 것만 들어라. 부정적인 말이나 불평하는 말은 듣지도 마

라. '까마귀 노는 데 백로야 가지 마라'라고 했다. 부정적인 사람과는 어울리지도 말라는 말이다.

목(目)은 눈으로 보는 것이다. "제 책상을 보세요. 사방이 메모 쪽지로 가득하죠. 이것들을 보면서 목표를 잊지 않으려고 노력해요." 억대 연봉을 받고 있는 한 세일즈 매니저의 말이다. 시각 마케팅을 개인적으로 응용하는 셈이다. 눈으로 보면서 자기 자신에게 최면을 거는 것이다.

골프화에 '100'이라는 숫자를 새겨 신고 다니는 괴짜 골프 선수가 있다. 바로 백○○ 선수다. "100은 내 성을 숫자로 표시한 것입니다. 다른 선수들은 이니셜을 새기지만, 저는 숫자로 표현했습니다. 또 우승을 많이 하고 싶은 마음도 함께 담았습니다." 그는 100이라는 숫자로 자기에게 최면을 걸고 있었다.

구(口)는 입으로 말하는 것이다.

입으로 말하면서 마음을 새롭게 하라. 긍정적인 말만 하라. 비방하는 말, 험담하는 말은 꺼내지도 마라. 잔소리도 하지 마라. 입에서 나오는 말을 통제하여 밝고 명랑한 말만 나오게 하라.

비(鼻)는 코로 숨 쉬는 것이다.

코로 숨 쉬면서 가슴으로 느끼는 것을 다르게 하라. 생각을 다르게 하고, 느끼는 것을 다르게 하라.

이목구비가 또렷한 사람에게는 이목이 집중된다. 미남, 미인이기 때문이다. 이목구비를 분명히 하는 사람에게도 이목이 집중된다. 경쟁력이 다른 프로이기 때문이다.

긍정의 최면을 걸어라

　학생들에게 강조하는 말이 있다. 사진을 찍을 때는 항상 웃는 모습으로 찍으라는 것이다. 주민등록증이나 운전면허증을 꺼내서 보라. 붙어 있는 사진은 어떤 얼굴인가? 혹시 신분증에 있는 사진이 얼짱 각도의 근엄한 사진은 아닌가? 웃는 얼굴이 아니라면 당장 환하게 웃는 사진으로 바꿔라. 주민등록증에 환하게 웃는 사진을 붙인다고 해서 뭐라고 할 사람은 없다. 운전면허증에 환하게 웃는 사진을 붙여놓는다고 해서 교통경찰이 범칙금을 내게 하지는 않는다. 그런데 왜 주민등록증이나 운전면허증 사진은 항상 근엄한 얼굴인가?

　사진을 찍을 때는 의도적으로 웃는 얼굴을 하자. 특히 대외적으로 나를 나타내주는 사진일수록 더욱 그렇다. 긍정적인 모습으로 자기 자신에게 최면을 걸어라. 환하게 웃는 얼굴을 하면 인생도 환하게 웃게 된다.

　'18번'이라는 말이 있다. 즐겨 부르는 애창곡을 일컫는 말이다. 누구나 즐겨 부르는 18번이 한두 곡쯤은 있게 마련이다. 어떤 사람은 애절한 이별의 노래를 부르기도 하고, 어떤 사람은 밝고 명랑하고 통통 튀는 노래를 부르기도 한다. 그런데 즐겨 부르는 18번에 따라 그 사람의 운명이 변한다. 애창곡에 따라 인생도 그대로 닮아간다는 말이다. 애절한 이별 노래를 즐겨 부르는 사람은 아마도 애절한 이별의 가사가, 흐느적거리는 곡조가 그 사람의 마음에 들었기 때문에 18번으로 정했을 것이다. 18번에 따라 그 사람의 운명이 그렇게 변해간다. 18번을 부를 때마다 자기도 모르게 그렇게 자기최면을 걸고 있기 때문이다.

성공한 사람들을 보면 대부분 밝고 명랑하다. 그들이 즐겨 부르는 노래는 한결같이 밝고 명랑하다. 반면에 실패한 사람들이 즐겨 부르는 애창곡은 어둡고 무겁다. 그들의 삶이 어둡고 힘든 이유가 여기에 있다. 밝고 명랑한 노래를 애창곡으로 삼는 사람은 생활도 밝고 하는 일도 명랑하게 변한다. 그러나 어둡고 우울한 노래를 즐겨 부르는 사람은 생활도 어둡고 우울하게 변한다.

그러니 어둠을 버리고 밝음을 선택하라. 사진을 밝은 모습으로 바꿔라. 애창곡을 밝은 노래로 바꿔라. 복장, 표정, 말투 등을 밝은 것으로 선택하라.

긍정의 말로 바꿔라

중학교 영어 수업 시간에 있었던 일이다. 수업이 중간쯤 지났을 때 한

학생이 손을 들고 말했다. "선생님, 화장실 좀 갔다 오면 안 돼요?" 이렇게 말하면 으레 선생님들은 "그래, 빨리 다녀와"라고 하는데, 영어 선생님은 단호하게 "안 돼!"라고 잘라 말했다. 순간, 학생들의 표정이 굳어졌다. 학생들은 화장실에 가고 싶다는 학생과 영어 선생님을 번갈아 보면서, 상황이 어떻게 흘러갈지 궁금해했다. 그때 선생님이 이렇게 말했다. "지금 '화장실 가면 안 돼요?'라고 물었지? 그래서 '안 돼'라고 대답한 거야. 다시 바꿔서 말해봐." 그러자 그 학생이 잠시 멈칫하더니, 이내 무슨 뜻인지 알아차린 듯 이렇게 말했다. "선생님, 화장실 다녀와도 돼요?" 그러자 선생님이 "그래"라고 대답했다.

말을 할 때는 항상 긍정적으로 표현하라. "화장실 다녀오면 안 돼요?"라고 부정적으로 물었기 때문에 대답도 부정적으로 나온 것이다. "화장실 다녀와도 돼요?"라고 긍정적으로 물어야 대답도 긍정적으로 나온다.

언젠가 MBC에서 한글날 특집으로 다큐멘터리 〈말의 힘〉을 방송한 적이 있다. 막 지은 하얀 쌀밥을 두 개의 실험용 유리병에 담았다. 한 병에는 '고맙습니다'라는 스티커를, 다른 병에는 '짜증나'라는 스티커를 붙였다. 그리고 이를 몇 명의 아나운서에게 나눠주면서 '고맙습니다'라는 스티커가 붙어 있는 병에는 '고맙습니다, 감사합니다' 등과 같은 좋은 말을 해달라고 주문했다. 그리고 '짜증나'라는 스티커가 붙어 있는 병에는 '짜증나, 미워' 등과 같은 나쁜 말을 하게 했다.

4주 동안 실험하고 나서 실험용 유리병의 뚜껑을 열었더니, '고맙습니다'라는 병에는 구수한 냄새의 하얀 곰팡이가 피어 있었고, '짜증나'라는 병에는 악취가 나는 시커먼 곰팡이가 피어 있었다. 실험에 참가한 어느 아나운서는 "거참, 신기하네요. 밥에 귀가 달렸나? 이제부터 한마디를 하더라도 좋은 말만 해야겠네요"라고 말했다.

환경이 그 사람의 운명을 결정한다고 말한다. 틀렸다. 환경이 운명을 결정하는 것이 아니라, 생각과 말이 그 사람의 운명을 결정짓는다. 긍정적인 생각은 긍정적인 말을, 긍정적인 말은 긍정적인 결과를 이끌어내기 때문이다. 부정적인 말인지, 긍정적인 말인지에 따라 당신의 운명이 달라진다. 긍정적인 말로 긍정적인 최면을 걸어라.

자기최면 이목구비 작전

날마다 자신에게 최면을 걸어라. 아침에 일어나 거울을 볼 때마다 "좋은 아침" 하면서 한마디 하는 것도 자기에게 최면을 거는 방법이다. 자신에게 긍정적으로 최면을 거는 방법을 생각해보자.

| 이 | 귀로 들으면서 자기최면을 거는 방법은 무엇일까? |

| 목 | 눈으로 보면서 자기최면을 거는 방법은 무엇일까? |

| 구 | 입으로 말하면서 자기최면을 거는 방법은 무엇일까? |

| 비 | 오감으로 느끼면서 자기최면을 거는 방법은 무엇일까? |

축구 선수는 골을 넣고
골 세리머니를 한다.

성과에 대한
기쁨을 표현하는 방법이다.

나는 작은 행동을 하고
'참 잘했어요'라는 도장을 찍는다.

성과에 대한
기쁨을 표현하는 방법이다.

작은 성과를 날마다 자축하라

기적은 반복된 연습에서 나온다

우리나라 최고의 하모니카 연주자라고 하면 전재덕을 꼽는다. 그는 앞을 보지 못한다. 태어난 지 보름 만에 열병으로 시력을 잃었기 때문이다. 어느 날 우연히 그는 라디오에서 세계적인 재즈 하모니카 연주자의 연주를 듣고 매료되어, 스승도 없이 하모니카를 독학하기 시작했다.

악보를 볼 수 없었기에, 오로지 귀에 의존해서 혼자 공부해야 했다. 무작정 남들이 연주하는 음악을 듣고 또 들었다. 한 곡을 천 번 이상 들어 CD가 닳아 못쓰게 되기도 했다. 한 달에 하모니카 하나를 못 쓰게 만들 정도로 피나게 연습했다고 하니, 당시 그의 입술은 어떠했을까?

"영혼까지 흔들 만큼 짜릿하고 영롱한 소리"라는 극찬을 받는 재즈 하모니카 연주자 전재덕은 그렇게 탄생했다. 어느 인터뷰에서 그는 "음악을 듣고, 효율적으로 나의 몸에 흡수시키는 방법을 연구했어요. 물론 그렇게 하는 게 쉽지는 않았어요. 꾸준히 연습하고 또 연습하면서 반복적으로 훈련을 했기에 가능했죠"라고 이야기했다.

　인생은 1막 1장의 연극이라 한다. 한 번 시작해서 한 번으로 끝나는 연극과 같다는 뜻이다. 리허설도 없고, 앙코르 공연도 없다. 오직 한 번의 실전 무대밖에 없다. 한 번뿐인 공연을 위해 어떻게 해야 할까? 배우는 무대 공연을 위해 날마다 연습한다. 어제 했던 장면을 연습하고 또 연습한다. 반복하고 또 반복하는 지루한 연습도 마다하지 않는다. 얼마나 치열하게 연습했느냐에 따라 관객들의 반응이 달라지기 때문이다.
　나는 배우라는 생각으로 하루하루를 산다. 교육생 앞에서 강의하는 강사로서 나는 매일 강단이라는 무대에 선다. 매일 교육생들이 지켜보는 가운데 내가 준비한 강의 주제를 가지고 공연한다. 내가 얼마나 열심히 준비하고 또 얼마나 반복적인 훈련을 했느냐에 따라 그날 강의의 반응이 달라진다.

　나는 무대에 서 있는 배우라는 사실을 잊지 마라. 주인공은 나 자신이다. 주변에서 나를 지켜보고 응원해주는 사람들은 관객이다. 그들이 나의 일거수일투족을 지켜보고 있다. 내가 실수하면 안타까운 탄식의 소리가 나올 것이고, 내가 열정적으로 공연하면 환호의 박수를 보내줄 것이다. 내가 서 있는 곳이 공연하는 무대다. 나를 지켜보고 있는 관객들 앞에서 멋진 공연을 펼쳐보자. 멋진 공연을 위해 반복 또 반복하는 수고도 즐겁게 받아들이자. 연습 또 연습이다. 반복된 연습이 인생을 반전시킨다.

실패했을 때마다 상을 줘라

"크게 실패하셨군요. 상을 드립니다."

한 회사에 '베스트 챌린지상'이 있는데, 실패해야만 받을 수 있는 상이다. 크게 도전했다가 실패한 사람에게 주는 것으로, 성과가 미흡해도 과정이 좋다면 실패했더라도 상을 준다고 한다. 이 상에 깃든 의미는 '실패가 꼭 실패는 아니다'라는 것이다. 창의성과 도전 정신이 담겨 있기 때문이다.

이 회사의 엘리베이터 내부는 특별한 메시지를 담은 그림으로 디자인되어 있다. 4대의 엘리베이터 내부를 아이디어 창출 공간으로 만든 것이다. 한 엘리베이터 내부에는 '생각을 거꾸로 하라(Think differently)'라는 메시지와 함께 사람이 거꾸로 물구나무 선 모습이 디자인되어 있다. 다른 3대의 엘리베이터에도 '머리에 있는 생각을 모두 꺼내라(Brainstorm)', '휴식도 필요하다(Take a break)', '실패도 하나의 과정이다(Learn from failures)'라는 주제로 디자인되어 있다. 무심코 타는 엘리베이터 안에서도 창의적인 발상을 잊지 말라는 것이다.

우리가 즐겨 쓰는 사무용품 중에 떼었다, 붙였다, 자유롭게 할 수 있는 접착식 메모지인 포스트잇이 있다. 생각나는 것을 메모해서 벽에도 붙이고, 책에도 붙이고, 노트북에도 붙일 수 있어서 다양한 용도로 요긴하게 사용하는 접착식 메모지다. 이 접착식 메모지가 작업 과정 중 실수에서 나왔다는 것은 이미 잘 알려진 사실이다. 강력 접착제를 개발하던 중 실수로 접착력이 약하고 끈적임이 없는 접착제를 만들게 된 것에서 포스트잇이 탄생했다. 코카콜라는 두통제로 개발되었다가 실패한 약이고, 아스피린은 염료를, 비아그라는 협심증 치료약을, 리바이스 청바지는 텐트를 만드는 과정에서 실수로 나온 히트 제품이다.

시도했다가 뜻대로 되지 않았다고 좌절하지 마라. 발명왕 에디슨은 99번이나 실패하면서 어떻게 전구를 만들었느냐는 질문에 "99번 실패한 것이 아니라, 전구가 만들어지지 않는 99개의 방법을 배웠다"라고 했다.

실패했을 때마다 자신에게 상을 줘라. '불(不)성공'이라는 이름이 붙여진 상이다. 실패라는 말에는 희망이 없지만, '불성공'이라는 말에는 희망이 담겨 있다. 이번에는 이루어지지 않았지만 다음에는 기필코 이룰 수 있다는 희망이 들어 있다.

'참 잘했어요'라는 도장을 찍어줘라

나에게는 추억의 도장이 있다. 초등학교에 다닐 때 선생님이 숙제 노트에 찍어주셨던 '참 잘했어요'라는 도장이다. 선생님은 숙제 검사를 하고 나면 숙제 노트에 이 도장을 찍어주셨다. 선생님한테서 숙제 노트를 돌려받으면 가장 먼저 확인했던 것이 '참 잘했어요'라는 도장이었다. 도장이 찍혀 있느냐, 없느냐에 따라 숙제에 대한 의욕이 달라졌다. 도장이 찍혀 있으면 다음 날도 열심히 숙제를 했다. 그러나 도장이 찍혀 있지 않으면 숙제를 하고자 하는 마음이 싹 사라져버렸다.

'참 잘했어요'라는 도장을 자기최면을 거는 마음도장으로 바꿔보면 어떨까? 날마다 자신에게 '참 잘했어요'라고 마음도장을 찍어주는 것이다. 따뜻한 말을 했을 때, 도움을 주는 행동을 했을 때, 하던 일이 잘되었을 때, 새로운 아이디어를 찾았을 때 등 기회가 될 때마다 자신에게 '참 잘했어요' 라는 도장을 찍어주는 것이다.

히치하이크를 해본 적이 있는가? 히치하이크란 지나가는 자동차를 얻어 타는 것을 말한다. 옛날에는 손만 들어도 쉽게 태워주었다. 그러나 지금은 세상이 흉흉하다 보니 길거리에서 손을 들어 태워달라고 해도 차를 세우는 사람이 거의 없다.

천안 근처 목천에 있는 한 연수원으로 강의를 하러 가는 길이었다. 할머니 한 분이 길가에 서서 지나가는 차에 손을 들어 태워달라고 했다. 시골이라 버스가 자주 오지 않아서 그런 것 같았다. 앞에 가는 승용차들이 할머니의 손짓을 무시하고 그냥 지나쳐버렸다. 내가 그 할머니 앞을 지나갈 때도 할머니는 나를 향해 손을 들어 태워달라고 했다. 나 역시 그냥 지나쳤다. 혹시나 봉변을 당하면 어쩌나 하는 생각이 앞섰기 때문이다. 잠시 후, 급하게 브레이크를 밟았다. 차를 멈추고 할머니가 있는 곳으로 차를 후진하자, 할머니 또한 내 차를 향해 달려왔다. 숨을 헐떡이며 "고맙습니다, 고맙습니다"를 연발하셨다. 목적지에 도착한 할머니가 "고맙습니다. 선생님은 오늘 좋은 일을 하셨으니 앞으로 복 많이 받으실 겁니다"라고 말하면서 내렸다. 할머니를 내려드리고 나서 내 마음속에 '참 잘했어요' 도장을 꾹 찍어줬다.

작은 행동을 할 때마다 자축해보라. 더 큰 일을 하고 싶은 감정이 일어난다. 자신에 대한 칭찬과 격려는 아낄 필요가 없다. 날마다 스스로 자축하라. '참 잘했어요'라는 도장을 수시로 내 마음에 찍어줘라. 자기에게 최면을 거는 방법이다.

나만의 동기 부여 방법

축구 선수는 골을 넣고 골 세리머니를 한다. 작은 행동을 할 때마다 자신에게 축하 세리머니를 해보면 어떨까? 나만의 동기 부여 세리머니 방법을 찾아보자.

1. '참 잘했어요' 도장 찍기

잘했다고 생각될 때마다 '참 잘했어요'라는 마음도장을 찍어준다.

2. 스스로에게 칭찬 말하기

좋은 일을 할 때마다 "나는 내가 자랑스러워"라는 칭찬의 말을 한다.

3. 주머니에서 동전 옮기기

100원짜리 동전 5개를 오른쪽 주머니에 넣고 다닌다.
잘한 행동을 할 때마다 "잘했어"라는 말과 함께 동전 하나를 왼쪽 주머니로 옮긴다.

4. 자신에게 커피 사기

커피는 아무 때나 마시지 않는다.
잘한 일을 했을 때만 자기 자신에게 커피를 산다.

5. 나만의 동기 부여 방법을 적어보자

좀도둑,
작은 물건을 훔치는 사람이다.

가장 하급의 도둑이다.

기분 도둑,
상대방의 기분을 잡치게 하는 사람이다.

가장 죄질이 나쁜 도둑이다.

내 마음을 보여주는 쇼를 하라

자랑은 접고 칭찬은 펼쳐라

《깔깔깔 대화 유머 기법》(조관일 저)에 나오는 한 부분이다.

호랑이로 소문난 부장이 모처럼 해외 출장을 갔는데, 하루는 회사로 전화를 걸어 직원들의 안부를 물었다. 그러면서 "내가 없으니까 진짜 좋지?"라고 물었다.

그러자 전화를 받은 부하 직원이 이렇게 유머를 날렸다.

"웬걸요, 매일매일 부장님 꿈을 꿉니다. 직원들 모두가 '부장님이 안 계시니까 회사가 텅 빈 것 같고 사는 맛이 안 난다'고 난리입니다. 빨리, 건강하게 돌아오십시오."

뻔한 거짓말이지만 그 칭찬 유머에 부장은 기분이 좋아졌을 것이 틀림없다.

'최고의 칭찬은 거짓말'이라고 한다. 사실이 아니더라도 상대방을 기분 좋게 하고 강한 동기를 만들어주는 거짓말이야말로 최고의 칭찬이라는 것이다. 우리는 이것을 '하얀 거짓말'이라고 한다.

날마다 쇼를 하라. 쇼는 보여주는 것이다. 내 마음을 눈으로 볼 수 있게 하라. 보이지 않는 내 마음을 끄집어내서 상대방이 볼 수 있도록 하라는 말이다. 그 방법 중 하나가 칭찬이다. 상대방을 생각하는 내 마음을 칭찬이라는 도구를 사용해서 보여주는 것이다.

도둑에도 급수가 있다. 좀도둑은 자질구레한 물건을 훔치는 가장 낮은 하급의 도둑이다. 빈집털이 도둑은 빈집만을 골라 물건을 훔치는 죄질이 무거운 도둑이다. 사이버 도둑도 있다. 온라인상에서 못된 짓을 하면서 사회적으로 심각한 문제를 일으키고 있다.

한편 기분 도둑이 있다. 사람의 기분을 언짢게 하거나, 기분을 엉망으로 만드는 사람이다. 가장 죄질이 나쁜 도둑이다. 사람을 만났을 때 자기 자랑을 장황하게 늘어놓는 사람은 기분 도둑이다. 자기 자랑은 접고 칭찬을 펼쳐라. 자랑은 적게 하고 칭찬을 많이 하는 사람이 진정한 프로다. 기분을 훔치지 말고 마음을 훔치는 선한 도둑이 되어야 한다.

칭찬 비아그라를 뿌리고 다녀라. 비아그라는 의사의 처방이 있어야만 살 수 있어서 아무나 살 수 없다. 그러나 칭찬 비아그라, 즉 '칭찬그라'는 의사의 처방이 필요 없다. 아무나 가질 수 있고, 누가 사용해도 부작용이 일어나지 않는다. 오늘부터 만나는 사람에게 칭찬그라를 나눠줘

라. 칭찬그라를 먹은 사람은 자신감이 살아날 것이다. 의욕이 충만해질 것이다.

날마다 '땡큐 카드'를 보내라

한 CEO는 매일 아침 '땡큐 카드'를 쓰는 것으로 하루 일과를 시작한다. 매일 2명의 VIP 고객들에게 대표이사가 직접 감사의 뜻을 전하는 것이다. 그런데 고객들의 반응이 뜨거웠다. 전혀 기대하지 않은 사람에게서 뜻밖의 감사 카드를 받고 나니, 그 회사를 선택한 것에 대한 신뢰감과 충성심이 남달라졌던 것이다.

칼보다 강한 것이 펜이라고 했다. 사람의 마음을 움직이기 위해서는 무력으로 협박하기보다는 부드러운 글로 보여주는 것이 더욱 강력한 힘을 발휘한다. 말보다 강한 것이 글이다. 백 마디 말보다 한마디 글로 보여주는 것이 더 큰 믿음을 준다. 그래서 '백문이 불여일견'이라고 한다. 백 번 듣는 것보다 한 번 보는 것이 낫다는 말로, 직접 경험해보는 것이 가장 좋다고 할 때 자주 쓴다. 이 말을 달리 적용하면 '백 번 말하는 것보다 한 번 눈으로 보게 하는 것이 더 낫다'고 할 수 있다. 마음을 눈으로 보게 하라. 그것이 '땡큐 카드'다. 보이지 않는 마음을 시각화해서 보여주는 것이다.

영어 Thank와 Think는 어원이 같다고 한다. 생각하는 것을 겉으로 표현하는 방법이 감사라는 것이다. 생각하면 당연히 감사하게 된다. 하지만 생각이 모자라거나 없는 사람은 감사라는 것을 모른다.

얼마 전 휴대폰으로 누군가 나에게 이런 문자메시지를 보내왔다. "누군가 매일 사랑을 자동이체 시키나 봐요. 아침마다 마음에 사랑이 가득하거든요." 이 문자메시지를 보자 나도 모르게 입가에 미소가 머금어졌다.

내가 좋은 인상을 받은 문자메시지를 몇 개 소개한다.

"'지금까지'가 아니라 '지금부터'입니다. 지금까지는 힘들었어도 지금부터는 행복하세요."

"가장 예쁜 꽃은? 벚꽃? 개나리꽃? 아니요, 웃음꽃이래요. 웃음꽃이 활짝 피었으면 좋겠습니다."

이름하여 '해피콜'이다. 해피콜은 즐거움을 주는 문자메시지나 전화를 말한다. 매일 쏟아지는 휴대폰의 스팸 메시지들은 우리를 짜증나게 만든다. 그러나 이런 문자메시지들은 가슴에 따뜻함으로 남는다.

'해피콜'하는 습관을 들여라. 전화, 문자메시지, 카톡, 이메일, 카드 등으로 상대방을 생각하는 내 마음을 보여주는 것이 해피콜이다. 오늘 만난 사람에게 감사의 카드를 한 장 보내자. 그 카드를 받았을 때 나를 생각하는 마음이 달라질 것이다. 처음 만난 사람에게도 간단한 메모지 하나, 문자 하나, 카드 한 장을 전달해보자. 그러면 감동이 달라질 것이다.

날마다 쇼를 하라! 내 마음을 눈으로 보여주는 쇼를 하면 세상이 뒤집어진다.

때로는 약점도 숨기지 마라

대형 마트 과일 코너에 푯말이 하나 붙어 있다. '흠집 난 사과입니다.' 이런 푯말과 함께 사과들이 파격적으로 싼 가격에 팔리고 있었다. 주부들로 북새통을 이루고 있었다. 솔직하게 과일에 흠집이 있음을 인정하고 가격을 낮추어 판 것이 오히려 주부들의 발길을 붙잡은 것이다.

지난 장마철에는 '산지 우천으로 당도가 떨어집니다(참외, 천도복숭아)', '다소 무른 상품이 있습니다. 선별해서 고르세요(자두)', '품질은 좋지만 다소 당도가 떨어집니다(살구)', '당도는 좋으나 씹히는 맛은 일반 수박에 비해 덜합니다(복수박)' 등의 푯말이 붙어 있기도 했다.

장마철만 되면 누구나 의아해하는 점이 오랜 장맛비로 인해 과일 값은 오르는데, 정작 과일 맛은 이전보다 떨어진다는 것이다. 이런 의구심을 갖는 고객들을 위해 상품에 대한 정보를 솔직하게 제공하자는 취지에서 이런 푯말을 붙이게 되었다고 한다. 그런데 재미있는 일이 벌어졌다. 솔직하게 상품의 단점을 밝히자, 오히려 손님이 늘었다는 것이다.

때로는 약점도 숨기지 않는 솔직함이 필요하다. 솔직함이 다음 만남을 결정짓는다. 좋은 점만 보여주려 하지 마라. 단점을 솔직하게 보여줘라. 그것을 수용하느냐, 안 하느냐는 상대방의 몫이다. 최종적으로 결정하는 것은 상대방의 의지에 달려 있다.

한 세일즈맨이 있다. 그는 고객에게 상품을 설명할 때 상품의 장점만 설명하지 않는다. 상품의 특징과 장점을 설명하고 나서, 마지막에 상품의 단점까지도 설명한다. "이러이러한 장점이 있는데, 이런 단점도 있으니 이 점을 조심해야 합니다"라고 설명했더니 고객의 믿음이 달라졌다. 대부분의 세일즈맨들은 상품의 장점만 설명하는데, 이 사람은 상품의 단점까지도 설명하는 것을 보고 고객의 마음이 움직였던 것이다.

한번은 고객에게 두 가지 상품을 설명하면서 "A상품은 이래서 좋고 B상품은 이래서 좋은데, 고객님은 A상품을 구입하는 것이 더 유리합니다"라고 설명했다. 그러자 고객이 "당신은 어떤 상품을 팔아야 더 많은 이익을 얻습니까?"라고 묻더란다. "솔직히 저한테는 B상품을 파는 것이 더 좋습니다"라고 대답했더니, 고객이 자기에게 유리한 A상품이 아닌 세일즈맨에게 더 좋은 B상품을 선택했다. 솔직하게 설명하는 모습을 보고 그 사원에 대한 신뢰가 달라졌기 때문이다.

GE의 전 회장 잭 웰치는 가장 중요한 것은 캔더(candor)라고 했다. 캔더는 절대적 솔직함이다. 솔직하면 믿음은 덤으로 따라온다.

Action Note

칭찬의 말 만들기

칭찬도 연습이 필요하다. 나만의 칭찬의 말을 만들어보자.
다음 주어진 짧은 문장을 나만의 칭찬의 말로 길게 만들어보자.

1. 널 믿어!

　→ 내가 믿었고 지금도 믿는 사람은 바로 너야.

2. 대단해!

　→

3. 기대 이상이야!

　→

4. 해냈구나!

　→

5. 정답!

　→

'나'라는 글자를 보라.
마음의 문이 밖으로 열린 모양이다.

나를 열면 모두가 '나'다.

'남'을 소리 내어 읽어보라.
입이 닫힌다.

나를 닫으면 모두가 '남'이다.

내가 망가쳐야 내가 산다

나를 닫으면 모두가 남이다

인간관계는 숫자 1과 0의 조합으로 만들어진다. 상대방을 1, 나를 0이라고 하자. 누가 먼저냐에 따라 결과가 달라진다. 상대방이 먼저고 내가나중이면 10, 100, 1000……으로 결과가 어마어마하게 커진다. 그러나 내가 먼저고 상대방이 나중이면 0.1, 0.01, 0.001……로 결과가 엄청나게 작아진다. 상대방을 먼저 생각하고 배려해야 하는 이유가 바로 여기에 있다.

한 식당에 들어서자 눈에 들어오는 문구가 있었다. '신발은 각자 보관하십시오. 잃어버리면 책임지지 않습니다'라고 카운터 옆에 크게 붙어있었다. 신발을 잃어버릴 수 있으므로 신발 관리를 위해 이런 안내 문구를 붙여놓은 것이다. 그 식당에 들어서는 손님들마다 가장 먼저 챙기는것이 식당 입구에 놓아둔 까만 비닐봉지였다. 신발을 잃어버리지 않기 위해 비닐봉지에 자신의 신발을 넣어 식탁 밑으로 밀어 넣고 있었다.

그러나 손님이 북적대는 대박 식당에는 달랐다. 이 식당에는 이런 문구가 붙어 있었다. '신발은 걱정하지 마시고 맛있게 드십시오. 신발은 저희가 보관해드리겠습니다'라는 문구였다. 4명의 일행이 식당에 들어서자, 종업원이 플라스틱 바구니를 들고 와서는 4명의 신발을 한 바구니에 넣었다. 그리고 신발 보관함에 넣고 번호표를 뽑아 고객에게 주면서 "맛있게 드십시오" 하고 정중히 인사를 한다. 식사를 마치고 나오면서 종업원에게 번호표를 주었더니, 신발장에서 신발을 꺼내 고객이 신기 편한 방향으로 가지런히 놓아주면서 "즐거운 시간 되셨습니까?"라고 묻는다.

앞에 소개했던 식당은 주인이 먼저고, 고객은 그다음이다. 그래서 평범한 식당이 되었다. 뒤에 소개했던 식당은 고객이 먼저고, 주인은 그다음이다. 이곳은 손님들로 북적대는 대박 식당이 되었다.

'나'라는 글자를 보라. 마음이라는 대문이 밖으로 열린 모양이다. '너'라는 글자를 보라. 마음이 안으로 닫힌 모양이다. 이처럼 '나'를 닫으면 '너'가 된다.

'나' 하고 소리를 내보라. 입이 열린다. '남' 하고 소리를 내보라. 입이 닫힌다. '나'를 닫으면 '남'이 된다. 마음을 열면 모두가 '나'다. 마음을 닫으면 모두가 '남'이다. 내가 죽으면 상대방이 살고, 상대방이 살면 결국은 나도 산다. 내가 먼저가 아니라 남이 먼저인 행동을 해야 한다.

망가짐 속에 행복이 있다

친한 선배를 만났다. 그가 말하기를, 행복은 돈으로 사는 것이 아니라 망가짐으로 얻는 것이라고 했다. 그러면서 경험담 하나를 들려주었다.

아내가 별것 아닌 일로 삐쳐 있었다. 여느 때 같았으면 한바탕 호통을 쳤을 텐데, 그날은 "내가 잘못했어. 거기까지는 미처 생각을 못했네. 내가 잘못한 죄로 벌금 낼게. 얼마 낼까?" 했더니, 아내가 시큰둥한 목소리로 "5만 원"이라고 답했다. 별로 기대하지도 않는다는 반응이었다. 선배는 "너무 많다. 조금만 깎아줘"라면서 어리광 부리듯 말했다.

그러자 아내는 크게 선심이라도 쓰듯 "좋아, 만 원" 하면서 손을 내밀었다. 지갑을 열어 만 원짜리 한 장을 아내의 손에 살포시 쥐어주었다. 금방 아내의 얼굴이 환하게 펴졌다. 만 원 한 장으로 '행복'을 산 것이다.

내가 망가져야 아내가 산다. 내가 망가져야 가정이 산다. 내가 망가져야 나라가 산다. 내가 망가질수록 아내가 웃고, 가정이 웃고, 이웃이 웃는다. 그리고 세상도 웃는다.

내가 늘 마음속에 담고 있는 생활철학이 있다. 철학이라고 하면 너무

거창한 것 같으니, 행동 규칙이라고 하는 것이 좋겠다. '내가 먼저 망가져야 한다'는 것이다. 내가 먼저 망가져야 상대방이 살고, 상대방이 살아야 결국은 내가 살 수 있다. 나는 이것을 '망가짐의 원칙'이라고 부른다.

딱딱하게 굳은 땅에 물을 부어보라. 물은 스며들지 못하고 옆으로 흐르고 만다. 삽이나 괭이를 가지고 딱딱하게 굳은 땅을 잘게 부순 후 물을 부어보라. 어떻게 되는가? 물이 잘게 부서진 흙 속에 자연스럽게 스며든다. 그런 상태에서 씨를 뿌리면, 싹이 나고 꽃을 피우고 열매를 맺게 된다.

딱딱하게 굳은 땅에는 물이 스며들지 못하니, 아무것도 자랄 수 없다. 씨를 뿌려도 곧 죽고 만다. 땅이 부서져야 물이 스며들고 싹이 나고 열매를 맺을 수 있는 것처럼, 내가 먼저 망가져야 한다. 내가 먼저 망가져야 상대방을 받아들일 수 있고, 상대방도 내게 접근할 수 있다.

망가지는 것을 두려워하지 마라. 경쟁력이 강한 사람은 망가지는 것을 망설이지 않는다. 망가지는 데 익숙한 사람이 진짜 프로다.

'너는' 대신에 '나는'으로 시작하라

지인 중에 주변 사람들과 자주 다투는 사람이 있다. 그의 행동을 자세히 관찰해보았다. 그에게는 독특한 언어 습관이 있었다. 말을 할 때 '너는'이라는 말로 시작한다는 점이다. "너는 참 이상해", "너는 이런 점이 잘못됐어"라고 말한다. 나는 잘못이 없는데 너는 잘못됐다, 나는 정상인데 너는 정상이 아니라는 식이다. 그러나 정작 정상이 아닌 사람은 자기 자신임을 그는 알지 못하고 있었다. 비난을 받으면 누구나 화가 난다. 설령 자신이 잘못했더라도 비난의 말을 들으면 상대방이 싫어지는 게 당연하다. 그는 이 사실을 간과하고 있었다.

말하는 것이 미숙하면 마음에 담고 있는 의미를 제대로 전달하기 못한다. 아무리 나를 망가뜨리고 상대방 중심으로 행동한다 하더라도, 말하는 방법이 잘못되어 있으면 진심이 담긴 마음을 제대로 전달할 수가 없다.

이를 두고 아인슈타인은 이렇게 말했다. "같은 말을 반복하면서 다른 결과를 기대하는 건 정신병자와 같다." 상대방을 변화시키려면 말하는 방법부터 바꿔야 한다는 뜻이다.

이 말이 맞아떨어지는 대표적인 예가 엄마들이 자녀들을 야단칠 때의 경우다. 엄마는 매일 자녀를 향해서 "너는 왜 그러니?"라며 큰소리를 낸다. 어제도 그렇게 잔소리를 하더니, 조금 전에도 똑같은 잔소리를 한다. 그러면서 자녀가 변하기만을 바란다.

끌리는 사람은 말하는 방법부터 다르다. 말에 진심이 담겨 있다. 상대를 변화시키고 싶다면 말하는 방법부터 바꿔야 한다. 상대방을 긍정적으로 바라보라. 그리고 긍정적인 언어로 바꿔 말해보라.

　이제부터 말하는 방법을 바꿔보자. 아니, 말하는 용어를 바꿔보자. 말할 때 '너는~'이라는 말 대신 '나는~'이라는 말로 바꿔 말하는 것이다. "너는 이런 게 문제야"라는 말 대신 "나는 이렇게 생각해"로 바꿔 말하는 것이다. 상대방의 잘못을 지적하기에 앞서 내가 느끼고 있는 것을, 내가 왜 그렇게 느끼게 되었는지를 설명하는 것이다. 서운한 것이 있을 때 '너는~'이라는 말 대신 '나는~'이라는 말로 바꿔보라. 상대방을 비난하기에 앞서 자신을 돌아보는 것이다. 사람들은 옳은 말을 하는 사람보다 자기를 이해해주는 사람을 더 좋아하게 마련이다.

Action Note

열린 인간관계 만드는 방법 3가지

마음 열기

마음을 열면 세상은 모두 내 것이 된다.

먼저 망가져라. 그러면 인간관계가 살아난다.

적극적으로 망가뜨려야 하는 것들을 찾아보자.

(예) 자존심, 체면, 내 것 먼저 챙기기, 대접받기 등

행동 열기

배려의 마음을 눈으로 보여줘라.

내가 죽으면 상대방이 산다. 결국은 내가 산다.

배려의 마음을 보여주는 행동을 찾아보자.

(예) "먼저 하세요", "먼저 가세요", "먼저 타세요", "제가 해드릴까요?" 등

말문 열기

상대방 중심의 말로 바꿔라.

내 중심의 말은 나를 죽이고, 상대방 중심의 말은 나를 살린다.

상대방 중심의 말로 바꿔보자.

(예) "너는 그것도 생각이라고 하냐?"(X) "나는 이렇게 생각해봤어."(O)

거울은

먼저 웃지 않는다.

내가 먼저 웃어야 따라 웃는다.

세상은

먼저 웃지 않는다.

내가 먼저 웃어야 따라 웃는다.

'열려라 참깨'라는 비밀 주문을 외워라

이미지란 이미지(利美知)를 말한다

이미지는 곧 '利美知(이미지)'다. '이롭고 아름답게 알린다'는 뜻이다. 다른 사람에게 자신을 이롭고 아름답게 알리는 것이 이미지다. 첫 이미지는 상큼하게, 마지막 이미지는 깔끔하게 하라. 적어도 상대방이 분노, 경계, 불만의 먹물을 뿜지 않게 해야 한다.

'과연 문어가 사람을 알아볼까?'

미국에서 재미있는 실험을 했다. 수족관 속 문어에게 한 사람은 먹이만 주고, 다른 한 사람은 약을 올렸다. 이렇게 11일 동안 실험한 뒤 두 사람을 문어 앞에 서게 했다. 어떤 결과가 나왔을까? 문어는 자신을 놀린 사람에게 먹물을 내뿜었다. 더욱 놀라운 것은 그 사람을 마주할 때 문어의 호흡이 급격히 올라갔을 뿐만 아니라, 눈 주변을 공격할 때 나타나는 위장 무늬까지 나타났다.

동물도 사람을 관찰하며 평가한다는 증거다. 우리는 날마다 사람들을 만나며 살아간다. 인간관계에서 첫 번째 관문이 이미지다. 사람들이 나를 좋아하느냐, 싫어하느냐는 내가 어떤 모습을 보여주느냐에 따라 결정된다. 원하든 원하지 않든, 우리는 날마다 누군가로부터 평가받으며 살고 있다.

첫 이미지를 관리하라. 첫 이미지가 곧 전체 이미지로 연결되기 때문이다.

축구 경기는 경기 시작 5분, 경기 종료 직전 5분을 조심해야 한다. 경기 시작 후 5분은 우왕좌왕하다가 골을 먹기 쉽고, 경기 종료 전 5분은 집중력이 떨어져 골을 먹기 쉽다.

월드컵 경기에서도 이 사실은 여실히 입증되었다. 경기 시작 후 5분과 경기 종료 전 5분 사이에 무서운 집중력을 나타내는 팀은 웃었고, 방심하거나 체력이 떨어진 팀은 울면서 그라운드를 떠나야 했다.

경기 시작 후 5분은 전체 경기 시간 90분의 5.5%에 불과하다. 경기 종료 전 5분 또한 전체 경시 기간의 5.5%에 불과하다. 하지만 이 5.5%의 시간에 승자와 패자가 갈리기 쉽다는 것은 그만큼 처음 시작 5분과 마지막 5분이 중요하다는 것을 말해준다.

나의 뒷모습을 관리하라. 뒷모습이 좋은 이미지로 남도록 조심해서 행동하라는 말이다. 사람을 만나고 헤어질 때를 조심하라. 헤어질 때 방심하기 쉽다. 상대방이 내 뒷모습을 보고 있다는 것을 잊지말아야 한다. 전화통화 후 수화기를 내려놓을 때를 생각해보라. 내가 끊기 전에 상대방이 '딸까닥' 하고 먼저 수화기를 내려놓았을 때 기분은 어떠했는가? 이것도 뒷모습 관리의 하나다. 시작도 좋아야 하지만, 마무리도 좋아야 한다.

얼굴과 낙하산은 펴져야 산다

TV 드라마나 영화를 보면 악녀들이 나온다. 캐릭터에 따라 사랑스러운 악녀, 못된 짓을 일삼는 악녀, 측은해 보이는 악녀 등 다양하지만, 악녀들에게 나타나는 한 가지 공통점이 있다.

'악녀들은 늘 ○○하다.' ○○에 들어갈 말은 무엇일까? 바로 '당당'하다는 것이다. 악녀들은 모두 똑 부러지는 말투를 사용하고, 누구 앞에서나 당당하다. 드라마를 눈여겨보라. 어눌한 말투와 착한 미소는 악녀의 조건이 될 수 없다. 악녀들은 똑 부러지는 말투와 냉정한 얼굴, 논리적인 사고를 가지고 있다. 불만이 있거나 마음에 들지 않는 상황에 처하면 악녀들은 따끔하게 지적하며, 불합리한 대우를 합리적으로 바꿔놓으려고 저항한다.

당신은 어떤 사람인가? 혹시 악녀는 아닌가? 사람들 앞에서 당당하게 따지는가? 똑 부러지는 말투와 논리로 상대방을 굴복시키려 하는가? 얼굴은 무표정하고 냉정한가? 만약 그렇게 행동한다면 당신은 악녀다. 악녀는 사람들을 괴롭히고, 주변 사람들이 등을 돌리게 만든다. 악녀의 최후를 보라. 하나같이 비참한 최후를 맞는다.

사람 얼굴과 낙하산이 있다. 둘 사이의 공통점은 무엇일까? 정답은 '펴져야 산다'는 것이다. 낙하산이 펴지지 않으면 그 낙하산을 탄 사람은 죽는다. 마찬가지로 얼굴이 펴지지 않으면 그의 인간관계는 죽는다.

노르웨이 속담에는 '웃는 사람이 산다'고 하고, 우리나라 속담에는 '웃으면 복이 온다'고 했다. 사람을 만날 때는 웃어야 하고, 그래야만 복을 얻을 수 있다는 말이다. 유태인 속담에 '웃지 않으려면 가게 문을 열지 말라'고 했다. 사람을 만날 때 웃지 않으려면 차라리 가게 문을 열지 않는 편이 낫다는 말이다.

얼굴은 내 것이다. 그러니 예쁘게 가꾸고 다듬어야 한다. 그러나 표정은 내 것이 아니다. 상대방을 위한 것이다. 내가 웃는 것은 나를 위한 것이 아니라 상대방을 위한 것이다. 사람을 대할 때는 먼저 웃어라. 웃음은 바이러스처럼 강한 전파력이 있어서 상대방의 마음까지도 즐거운 기분으로 만들어준다. 거울은 먼저 웃지 않는다. 내가 웃어야 따라 웃는다. 세상도 먼저 웃지 않는다. 내가 먼저 웃어야 세상도 따라 웃는다.

마음의 문을 여는 비밀 주문을 외워라

아파트 엘리베이터에서 주민을 만나면 "어디 다녀오시나 봐요?" 하고 내가 먼저 말을 건다. 학생일 경우에는 "안녕? 학원 갔다 오니?"라면서 말을 붙인다. 내가 먼저 망가져야 한다는 생각에 먼저 말을 거는 것이다. 그러면 상대방으로부터 "네, 잠깐 나갔다 와요" 하는 답변이 돌아온다. 내가 먼저 망가졌더니 상대방이 마음의 문을 연 것이다.

하루는 예쁜 아가씨와 함께 엘리베이터를 탔다. 8층에 사는 아가씨인데, 몇 번 만날 때마다 내가 먼저 말을 걸었는데도 인사도 없었다. 모르긴 해도, 자기가 예뻐서 말을 거는 것으로 착각한 모양이다. 착각은 자유니 뭐라 할 수는 없다. 쓸데없이 오해를 살 필요가 있겠나 싶어서 오늘은 아무 말도 하지 않았다. 엘리베이터 안에 정적만 흘렀고, 어색하기 그지없었다. 둘 다 시선을 어디에 둘지 몰라서 "띵! 띵!" 하면서 층수를 알리는 숫자만 응시하다 각자의 층에서 말없이 내렸다.

성공한 사람들은 '겸따마다'가 몸에 배어 있다. '겸손하고 따뜻한 마음으로 다가간다'는 말이다. 가끔은 거만하고 오만한 사람도 있는데, 벼는 익을수록 고개를 숙인다고 했으니, 그는 아직 덜 여물었다는 뜻일 것이다. 이처럼 성공한 대부분의 사람들은 '겸따마다'의 방법으로 사람을 대한다.

또 그들의 행동은 한마디로 '미인대칭'이다. 미소 짓고, 인사하고, 대화하고, 칭찬한다. 그런 모습에서 겸손함과 따뜻함을 함께 느끼게 된다. 사람들과 마주칠 때마다 한 번 더 웃고, 말 한마디 더 건네고, 목례 한 번 더 하자. 이것이 미인대칭 행동이고, 성공자의 행동 습관을 익히는 노력이다.

한 가지 더, '미고축사'의 말을 건네보자. 미안해요, 고마워요, 축하해요, 사랑해요!

'열려라 참깨'라는 주문을 아는가?《아라비안나이트》의 〈알리바바와 40인의 도적〉에서 도적들이 동굴 앞에서 '열려라 참깨'라는 비밀 주문을 외웠다. 그랬더니 동굴 문이 우르릉 소리를 내면서 열렸다.

우리도 날마다 비밀 주문을 외워보자. 도적들의 주문이 '열려라 참깨'였다면, 우리는 '미인대칭 미고축사'라고 주문을 외는 것이다. 미소 짓고, 인사하고, 대화하고, 칭찬하면서, 미안합니다, 고맙습니다, 축하합니다, 사랑합니다 같은 말을 입에 달고 살자는 것이다. 주문이 끝나면 사람의 마음이 '우르릉' 하면서 열릴 것이다.

오늘부터 시작해보자. 쑥스러워하지 말고, 주저하지 말고, '미인대칭 미고축사!'

276

Action Note

긍정 이미지 만들기 체크 리스트

하루를 정리하면서 1일 체크 리스트를 통해 매일 자기 자신을 돌아보라.

외모

1. 거울을 볼 때마다 씽긋 웃으며 긍정 최면을 걸었다. ☐
2. 나의 이미지에 초점을 맞춘 복장을 했다. ☐
3. 가방, 필기구, 액세서리 등이 나의 가치를 높여줬다. ☐
4. 밝은 표정을 연출하려고 노력했다. ☐
5. 나의 외모를 통해 나만의 콘셉트를 전달하려고 했다. ☐

행동

6. 사람을 만나면 내가 먼저 인사했다. ☐
7. 밝고 명랑한 행동으로 사람들에게 긍정의 에너지를 전달했다. ☐
8. 긍정 이미지를 강화시키는 데 행동을 집중했다. ☐
9. 오늘 새로운 아이디어를 하나 이상 찾았다. ☐
10. 장점뿐만 아니라 약점까지도 숨기지 않고 보여줬다. ☐

언어

11. 부정적인 언어보다 긍정적인 언어를 선택해서 썼다. ☐
12. 만나는 사람들에게 긍정의 에너지를 전달했다. ☐
13. '고마워요, 사랑해요'라는 말을 3번 이상 했다. ☐
14. 오늘 하루 3명 이상에게 칭찬의 말을 했다. ☐
15. 문자메시지, 이메일, SNS를 통해 좋은 문구를 만들어 사람들에게 보냈다. ☐

동의보감,
웃음은 보약 10첩보다 낫다.

지금까지 나는 받아먹기만 했다.

동의보감,
웃음은 보약 10첩보다 낫다.

이제부터는 다른 사람에게 선물을 하자.

'수사반장'으로 유머 센스를 키워라

센스가 없으면 센세이션도 없다

우리 동네 냉면집에 이런 문구가 붙어 있었다.

> 울면 안 됩니다.
> 쫄면 안 됩니다.
> 냉면 됩니다.

세상을 살면서 울지도 말고, 쫄지도 말고, 냉면 먹고 힘내며 살자는 뜻이다. 냉면집 사장의 센스가 돋보인다. 센스란 '감각, 의식, 느낌'이라는 뜻이다. 어떤 사물이나 현상에 대한 감성을 예리하게 붙잡는 지각을 말하는데, 그 예민함의 정도에 따라 '센스가 있다', '센스가 없다'라고 한다.

냉면집 얘기가 나온 김에, 식당 얘기를 하나만 더 하려 한다. 식당에 혼자 가본 적이 있는가? 점심시간에 식당에 혼자 가는 것은 여간 난처한 일이 아니다. 점심 장사를 주로 하는 식당일 경우 더욱 그렇다. 그런데 어쩔 수 없이 혼자 식당에 갈 수밖에 없어서, 된장찌개가 유명한 식당에 혼자 들렀다.

이럴 경우 대부분의 식당에서는 점심시간 이후에 다시 오라고 하든가, 그렇지 않으면 퉁명스러운 말투로 "뭐 드실래요?"라고 말한다. 그런데 혼자 온 나를 보고 이 식당 주인은 환하게 웃으면서 "오늘은 혼자 오셨네요?"라고 말하는 것이 아닌가. 혼자 4명 테이블을 차지해 미안해하는 나를 배려한 말이었다. 고객을 맞이하는 주인의 센스에 감동을 느끼게 되었다. 식사 중에는 깻잎절임을 더 가져다주면서 "제가 직접 담근 건데 칼칼하고 맛있어요"라며 말도 붙여준다.

이 한마디 말로, 왜 이 식당이 사람들로 북적대는지 이유를 알 수 있었다. 같은 말을 하더라도 말 속에 센스를 담으면 반응이 달라진다. 센스가 없으면 센세이션도 없다. 센스를 키워야 한다. 센스 있는 말, 센스 있는 문구, 센스 있는 행동, 센스 있는 선물 등은 모두 사람의 마음을 사로잡는 방법이다.

센스 없는 남자는 여자를 슬프게 한다. 센스 없는 여자는 남자를 괴롭게 한다. 한 가지 더, 센스 없는 사람은 세상을 힘들게 산다.

유머 하나는 보약 10첩과 같다

인터넷에 떠도는 유머 한토막이다. 어느 사기 골프꾼이 사기 칠 대상을 찾아 어슬렁거리다가, 캐디 대신 개를 끌고 골프를 치는 맹인을 발견했다. 그는 '바로 이거다'라고 생각했다.

"멋진 샷을 치시는군요. 혼자 밋밋하게 하시느니, 저랑 가볍게 내기 골프 한번 하시죠!" 그러자 맹인도 흔쾌히 승낙을 했다. "내일이 어떨까요?"라고 사기꾼이 말하자, 맹인이 고개를 끄덕이며 물었다. "시간은 제가 정해도 되죠?" 사기꾼이 그러라고 하자, 맹인이 말했다. "내일 자정에 합시다."

재미있는 유머 하나만 더 하자.

서울에서 온 신혼부부와 경상도 토박이 신혼부부가 여행 중이었다. 두 부부가 우연히 지갑 파는 가게에 함께 들르게 되었다. 서울 아내가 먼저 망사 지갑을 보고 말했다.

"자기야, 요새 이 지갑이 유행이래. 나 이거 사줘!"

그러자 서울 남편이 웃으며 대답했다.

"알았어. 당신이 원한다면 사줄게."

그 모습을 본 경상도 아내가 질투가 나서 남편에게 말했다.

"보이소, 지도 이 망사 지갑 한 개 사주이소."

그러자 경상도 남편 왈, "와, 돈이 덥다 카드나?"

우리의 삶에는 정말 맛있고 몸에 좋은 약이 하나 있다. 바로 유머라는 약이다. 유머는 세상에 지친 마음의 상처를 치료해주는 아주 좋은 약이다. 만나는 사람들에게 날마다 유머를 한 알씩 먹여줘라. 팍팍한 삶이 부드럽게 변할 것이다.

얼마 전에 친구가 문자메시지를 한 통 보내왔다. '멀미약은 귀미테, 피임약은 저미테, 변비약은 더미테, 무좀약은 맨미테!' 이것을 볼 때마다 웃음이 난다.

유머는 마음의 여유에서 나온다. 마음에 여유가 있는 사람이 유머를 만들어내고 받아들인다. 마음에 여유가 없으면 유머도 없고 유머를 받아들이지도 못한다. 마음에 여유 공간이 없기 때문이다.

《동의보감》에서는 아침에 일어나자마자 웃는 웃음은 보약 10첩보다 낫다고 했다. 다른 사람을 웃음 짓게 하는 것은 보약 10첩을 선물하는 것보다 낫다는 뜻이 된다. 오늘부터 유머로 삶의 보약을 선물해보자.

유머 센스를 키워라

당신은 즐거움을 주는 사람인가, 아니면 즐거움을 받는 사람인가? 아니, 질문이 잘못됐다. 당신은 재미있게 말하는 편인가, 아니면 건조하게 말하는 편인가?

모임이 있을 때마다 즐거움을 주는 친구가 있다. 그 친구가 모임에 참석하면 분위기가 살아서, 활기가 넘치고 웃음소리가 끊이지 않는다. 그러나 그가 없으면 그날 모임은 재미가 없다. 웃음도 없고 분위기도 썰렁하다. 그 친구가 하면 같은 말인데도 위트와 재치가 넘친다. 무미건조한 이야기도 그 친구가 말하면 생명력을 얻는다. 모임의 분위기 메이커다.

그 친구에게 물었다. "어떻게 하면 그렇게 위트 넘치고 재치 있게 말할 수 있어?" 그랬더니 그는 모두 연습의 결과라고 했다. 예전에는 자신도 내성적이었다고 했다. 하지만 내성적인 성격은 사회생활을 하는 데 도움이 되지 않았다. 어떻게 하면 내성적인 성격을 외향적인 성격으로 바꿀 수 있을까 고민하다가 관심을 갖게 된 것이 유머였다. 그는 '수사반장'으로 유머 센스를 키운다고 했다.

친구가 들려준 '수사반장'이라는 유머 센스를 키우는 방법이다.
'수집'하라.
주변에 많은 유머가 떠돌아다닌다. 인터넷에도 있고, 유머 관련 책에도 있고, 사람들이 말하는 말 속에도 있다. 이렇게 떠돌아다니는 유머들을 수집하라. 컴퓨터에 유머 폴더를 하나 만들어라. 수집한 유머를 모아두는 것이다. 책에서 발견한 유머는 스캔해서 보관해둬라. 사람들한테서 들은 유머는 메모해서 보관해둬라.

'사용'하라.

수집한 유머들 가운데 마음에 드는 유머를 골라 가까운 사람들에게 먼저 사용해보라. 한 개그맨은 연령에 따라 사용할 수 있도록 유머 카드를 분류해서 관리한다고 한다. 어린이용, 청소년용, 성인용으로 분류해서 상황에 맞게 유머들을 사용한다고 한다.

'반응'을 살펴라.

내가 한 말에 대한 반응이 어떻게 나타나는가? 어떻게 표현하면 주변 사람들의 반응이 좋은가를 파악하라.

'장점'으로 승화시켜라.

반응이 신통치 않으면 연출력에 문제가 있는 것이다. 개그맨들이 얘기하면 재미있는데 내가 얘기하면 재미가 없는 것은 표현하는 방법이 다르기 때문이다. 문제점을 보완해서 자기만의 표현 방법이 되도록 보완하고 또 연습하라.

어디에 가든, 누구와 함께하든, 센스가 넘치고 재치 있는 사람이 환영받는다.

유머 센스 키우기

1. 최근 유행어를 3가지 찾아라.

    (1)

    (2)

    (3)

2. 유머 노트를 만들어라.

    부정 축재로 큰 부자가 된 집의 개와 닭이 대화를 나누고 있었다.

    개 : 닭아! 요즘 넌 아침이 되었는데도 울지 않니?

    닭 : 자명종이 있는데 내가 울 필요가 없잖아.

    　　그런데 개, 너는 왜 도둑이 들어와도 짖지 않니?

    개 : 도둑이 집 안에 있는데 내가 짖긴 왜 짖냐?

3. 난센스 퀴즈를 활용하라.

    직장인에게 가장 도움이 안 되는 이론은?　　　　　　(제가 알기론)

    직장인이 평생 못 보는 영화는?　　　　　　　　　(부귀영화)

    직장인이 제일 많이 먹는 떡은?　　　　　　　　　(헐레벌떡)

    직장인이 좋아하는 SNS는?　　　　　　(페이수북 ← 페이스북)

4. 언어유희를 활용하라.

    한 배송 트럭 뒷면에 붙어 있는 문구, '빵빵은 참아줘요, 배달할 게 빵빵해요'

    군밤을 파는 한 노점상이 내건 메뉴,

    '고요한 밤 2천 원. 거룩한 밤 3천 원. 어둠에 묻힌 밤 5천 원'

'문 닫았음'
문 닫았으니 다른 데 가라는 말이다.

부정적인 말이다.
마음을 닫게 하는 말이다.

'영업 준비 중'
지금 준비 중이니 기대하라는 말이다.

긍정적인 말이다.
마음을 열어주는 말이다.

말하기 전에 3초만 생각하라

닫힌 말은 적을 만들고, 열린 말은 친구를 만든다

한 회사에 같은 업무를 하는 두 명의 사원이 있다. 그런데 한 사원은 동료 직원들 가운데 적이 많고, 다른 사원은 그를 좋아하는 친구들이 많았다. 그 이유는 무엇일까? 적이 많은 사원은 업무적인 일로 누가 부탁하면 "절대 안 돼"라며 강하게 거절했다. 충분히 해줄 수 있는 일인데도 말이다. 그래서 그에게는 적이 많이 생겼다. 친구가 많은 다른 사원은 똑같은 상황으로 부탁을 하면 "같이 고민해보자"고 말했다. 안 되는 일인데도 말이다. 그래서 그에게는 친구가 많다.

대화를 할 때는 되도록 열린 말을 사용하는 것이 좋다. 열린 말은 친구를 만들고, 닫힌 말은 적을 만든다. 주는 것 없이 미운 사람이 있다. 반면에 주는 것 없이 끌리는 사람이 있다. 그 차이점은 무엇일까? 바로 말투에 있다. 주는 것 없이 미운 사람은 닫힌 말로 하고, 주는 것 없이 끌리는 사람은 열린 말로 한다.

'죽어도', '절대로', '결코' 같은 말은 닫힌 언어다. 이런 극단적인 표현은 상대방의 감정을 상하게 한다. '생각해보자', '방법을 찾아보자', '같이 고민해보자' 같은 말은 열린 언어다. 이런 부드러운 표현은 상대방의 감정을 보듬어준다.

'립 서비스'는 말은 그럴듯하게 해서 상대방으로부터 공감을 얻어내는 것을 말한다. 그러나 립 서비스를 입에 발린 말로 폄하하지 마라. 긍정적인 방향에서 립 서비스를 활용하면 인간관계가 돈독해진다.

다른 사람의 부탁을 거절해야 할 때가 있다. 이런 경우는 한 박자 쉬었다가 말하는 것이 좋다. '내가 상대방이라면 어떨까?'라는 생각으로 말하는 것이다. 들어줄 수 없는 경우라 해서 상대방의 말이 끝나자마자 단호하게 거절하면 상대방은 감정이 상하게 된다. 그래서 적이 생기는 것이다. 잠시 생각하는 척이라도 해보라. 한 박자 쉬었다가 거절하는 것이다.

내 입술의 30초가 상대방 가슴에 30년 간다

다음의 말은 누가 한 말일까?

"초등학교 나왔죠? 부인은 대학 나왔다면서요? 마약 먹여서 결혼한 것 아니에요?"

한동안 사회를 떠들썩하게 만든 말이다. 한 부장판사가 한 말인데 TV 뉴스에 보도될 때마다 국민들을 분노하게 만든 유명한 사건이었다. 재판 도중에 피고인을 심문하는 과정에서 나온 말이라고 하는데 기가 막힌다. 상대방의 입장과 마음은 전혀 고려하지 않고, 자기의 감정을 퍼붓는 막말이다. 막말은 관 속에서도 하지 말라고 했는데 말이다.

'내 입술의 30초가 상대방 가슴에 30년 간다'는 말이 있다. 치명적인 상처를 입히는 총도 급소만 맞지 않으면 그럭저럭 아문다. 날카로운 칼로 베인 상처도 시간이 지나면 아문다. 그러나 10센티미터도 안 되는 혀로 입힌 상처는 죽을 때까지 치유되지 않는다는 의미를 담은 격언이다.

'사람은 귀 때문에 망하는 것보다 입 때문에 망하는 경우가 더 많다'고 한다. 말이 많아도 안 되고, 없어도 안 된다. 그러나 꼭 기억해야 할 점은 세상에는 하지 말아야 할 말이 있고, 말하지 않는 편이 더 좋은 말이 있다는 것이다.

"당신 월급이 얼마죠?"
"당신이 뭐 하나 제대로 하는 게 있어요?"

"입맛까지 까다롭기는……."

남편을 기죽이는 말 '베스트 3'라고 한다.

"당신 몸 좀 가꿔!"

"하루 종일 뭐 했어?"

"내가 눈이 삐었지……."

아내를 기죽이는 말 '베스트 3'다.

생각 없이 던진 말이 상대방의 마음에 상처가 된다. 나는 생각 없이 한 말이라도, 다른 사람에게는 두고두고 상처로 남는다.

함부로 하는 막말은 사람의 가슴을 찍는 도끼와도 같다는 점을 명심해야 한다. 그런데 더 충격적인 사실은, 그 도끼가 결국 자기 자신을 찍게 된다는 것이다. 말은 부메랑이다. 유익하지 않은 말, 상처를 주는 말, 남의 감정을 상하게 하는 말은 할수록 손해다. 자신도 손해고, 다른 사람에게도 손해다.

말을 할 때는 3초만 생각하라. 말을 신중하고, 부드럽게 하기 위해서다. 사람이 겪는 시련의 대부분은 입에서 비롯된다. 물고기는 항상 입으로 낚이듯이, 곤경에 처하게 되는 사람들도 대부분 입으로 낚인다.

플러스 언어로 바꿔라

산나물을 삶으면 먹을 수는 있겠지만, 맛은 없다. 밍밍해서 무슨 맛인지 알 수가 없다. 어떻게 해야 맛있게 먹을 수 있을까? 소금을 조금 넣어 버무리면 된다. 소금을 넣어 조물조물 버무리면 맛없는 산나물도 맛있게 먹을 수 있다.

음식이 맛있어야 하듯, 말에도 맛이 배여야 한다. 말을 맛있게 하자. 어떻게 해야 맛있게 말할 수 있을까? 배려의 마음을 넣어 조물조물 버무리면 된다. 그러면 무미건조한 말도 맛있는 말로 변하게 된다.

어느 커피 자판기에 '고장'이라는 안내문이 붙어 있다. 그런데 다른 자판기에는 '수리 중'이라는 안내문이 붙어 있다. 둘 가운데 어느 말이 더 나은가?

'고장'이라는 말은 부정적인 말이다. 차가운 말이다. 고장 났으니 다른 곳을 알아보라는 냉정한 말이다. '고장'이라는 말에 배려의 마음을 넣어 조물조물 버무려보자. '수리 중'이라는 말로 바뀌었다. 고장이 났는데 지금 수리하고 있으니 곧 이용할 수 있을 거라는 희망을 갖게 만드는 말이다. 긍정의 말이요, 따뜻한 말이다.

한 식당 출입문에 '문 닫았음'이라는 안내 표지판이 걸려 있다. 그런데 다른 식당에는 '영업 준비 중'이라고 걸려 있다. 어느 표지판이 더 마음에 와 닿는가?

'문 닫았음'이라는 말은 차가운 말이다. 문 닫았으니 다른 곳으로 가보라는 말이다. 부정적인 마음을 갖게 하는 말이다. '문 닫았음'이라는 부정적인 말에 배려의 마음을 넣어 조물조물 버무린 말이 '영업 준비 중'이라는 말이다. 무엇을 준비하고 있는 걸까? 더 좋은 음식? 더 좋은 서비스? 궁금증을 갖고 기다리게 만드는 긍정적인 말이자, 따뜻한 말이다.

부정적인 말은 희망을 부수는 망치 역할을 한다. 하지만 긍정적인 말은 희망이 되살아나고 마음을 따뜻하게 하는 난로 역할을 한다.

재수생 아들을 둔 한 어머니가 공부하는 아들의 방에 간식을 들고 들어가다가, 볼펜이 바닥에 떨어져 있는 것을 보았다. 어머니가 땅에 떨어진 볼펜을 주워주면서 이렇게 말했다. "볼펜이 땅에 붙었네." '떨어졌다'는 말에 노이로제가 걸린 아들을 위해 '붙었다'는 말로 바꿔서 표현한 것이다.

'아' 다르고 '어' 다르다고 했다. 같은 말도 어떻게 표현하느냐에 따라 받아들이는 사람의 감정이 달라진다. 마이너스 언어를 플러스 언어로 바꿔 말하는 습관을 들이자. 마이너스 언어는 부정적 표현이고, 사람을 쫓아낸다. 그러나 플러스 언어는 긍정적 표현으로, 사람을 끌어들인다. 말하는 데도 연습이 필요하다.

Action Note

플러스 언어로 바꾸기

플러스 언어

하면 할수록 좋은 말이다. 세상의 문이 열린다.

좋았어	잘했어
네가 자랑스러워	좋은 생각이야
괜찮아	힘내
고마워	행복해

마이너스 언어

하면 할수록 안 좋은 말이다. 세상의 문이 닫힌다.

말도 안 돼	그게 뭐야?
듣기 싫어	실망이야
정신 차려	시끄러워
너 왜 그래?	한심해

경제경영 & 자기계발 베스트셀러

나폴레온 힐 성공의 법칙

나폴레온 힐 지음
김정수 편역

언론사 및 독자들의 아낌없는 찬사와 '성공의 교과서'로 통하는 세계적 명저!

데일카네기의 인간관계론
[최신 원본 완역판]

데일 카네기 지음
이미숙 옮김

전자책 구매 가능

인간관계에서 우리가 꼭 알아야 할 기본 원리와 해결의 실마리 제공!

경영의 신 마쓰시타 고노스케
사업은 사람이 전부다

마쓰시타 고노스케 지음
이수형 옮김

전자책 구매 가능

인재 경영을 추구하는 경영자나 관리자는 물론 젊은이들에게 큰 도움이 된다.

알고 보면 재미있는 경제지식

조성종 지음

전자책 구매 가능

기초 경제상식부터 재테크를 위한 지식까지 총망라한 경제 입문서!

대한민국 진로백서
[대통령 추천도서]

정철상 지음

전자책 구매 가능

학생, 취준생, 사회초년생, 직장인에게 각자의 현실에 맞는 진로처방 제시!

인생을 바꾼 시간관리 자아실현
[개정증보판]

유성은 · 유미현 지음

전자책 구매 가능

직장인, 학생, 리더를 위한 시간관리 비법이 가득한 30년 스테디셀러!

경제경영 & 자기계발 베스트셀러

완벽한
기획실무의 정석
천진하 지음

전자책 구매 가능

상품기획자, MD, 개발자, 마케터, 디자이너,
CEO, 자영업자 필독서!

매출 100배 올리는
유통 마케팅 비법
유노연 지음

전자책 구매 가능

유통 전문가가 유통 초보자를 위해 소개한 온
라인·오프라인 유통 마케팅!

어떻게 말해야
설득할 수 있을까? :
공감설득의 비밀
문충태 지음

전자책 구매 가능

기분 좋게 설득하고 스스로 변하게 하는 공감
소통법의 모든 것!

공감하면 사람은
90%가 바뀐다
문충태 지음

전자책 구매 가능

대한민국 최고 리크루팅 전문가 문충태 박사
가 알려주는 공감설득 기법!

제대로 배우는
비트코인과
블록체인
페드로 프랑코 지음 | 염후권
감수 | 김동은·어경훈 옮김

투자자, 금융인, 비즈니스맨, 암호화폐 개발
자, 대학생, 직장인 필독서!

월급쟁이 부자되는
재테크 첫걸음
[개정증보판]
최현진 지음

전자책 구매 가능

통장 관리부터 내 집 마련 방법까지 현직 은
행원이 알려주는 재테크 비법!

중앙경제평론사 Joongang Economy Publishing Co.
중앙생활사 | 중앙에듀북스 Joongang Life Publishing Co./Joongang Edubooks Publishing Co.

중앙경제평론사는 오늘보다 나은 내일을 창조한다는 신념 아래 설립된 경제 · 경영서 전문 출판사로서 성공을 꿈꾸는 직장인, 경영인에게 전문지식과 자기계발의 지혜를 주는 책을 발간하고 있습니다.

기적을 만드는 습관의 비밀

초판 1쇄 인쇄 | 2020년 1월 2일
초판 1쇄 발행 | 2020년 1월 7일

지은이 | 문충태(ChoongTae Moon)
펴낸이 | 최점옥(JeomOg Choi)
펴낸곳 | 중앙경제평론사(Joongang Economy Publishing Co.)

대　　표 | 김용주
책임편집 | 한　홍
본문디자인 | 박근영

출력 | 삼신문화　종이 | 한솔PNS　인쇄 | 삼신문화　제본 | 은정제책사

잘못된 책은 구입한 서점에서 교환해드립니다.
가격은 표지 뒷면에 있습니다.

ISBN 978-89-6054-236-5(03320)

등록 | 1991년 4월 10일 제2-1153호
주소 | ⑰ 04590 서울시 중구 다산로20길 5(신당4동 340-128) 중앙빌딩
전화 | (02)2253-4463(代)　팩스 | (02)2253-7988
홈페이지 | www.japub.co.kr　블로그 | http://blog.naver.com/japub
페이스북 | https://www.facebook.com/japub.co.kr　이메일 | japub@naver.com
♣ 중앙경제평론사는 중앙생활사 · 중앙에듀북스와 자매회사입니다.

도서
주문
www.**japub**.co.kr
전화주문 : 02) 2253 - 4463

※ 이 도서의 국립중앙도서관 출판시도서목록(CIP)은 서지정보유통지원시스템 홈페이지(http://seoji.nl.go.kr)와 국가자료공동목록시스템(http://www.nl.go.kr/kolisnet)에서 이용하실 수 있습니다.(CIP제어번호:CIP2019048615)

중앙경제평론사에서는 여러분의 소중한 원고를 기다리고 있습니다. 원고 투고는 이메일을 이용해주세요.
최선을 다해 독자들에게 사랑받는 양서로 만들어 드리겠습니다. **이메일** | japub@naver.com